先生！バナナはおやつに含まれますか？

法や契約書の読み方がわかるようになる本

中野友貴

第一法規

はじめに

　バナナはおやつに含まれるか。

　多くの人がこの命題を聞いたことがあるのではないでしょうか。小学生の遠足などで、先生が「おやつは○○円まで」というと、クラスのひねくれものが「先生、バナナはおやつに含まれるんですか？」などと質問し、先生を困らせるというものです。古くからあるギャグみたいなものなので、こんな命題を真剣に考えるのも馬鹿馬鹿しいですね。

　しかし、実は「おやつバナナ命題」には、法解釈の技術を身につけるエッセンスが含まれています。法解釈の技術は、法令や契約書といったルールを読み、使うために必須の技術です。このため、法解釈は、裁判官や検察官、弁護士といった技術を持った法律家の専売特許となっています。

　本書は、「おやつバナナ命題」を通じて、法解釈の技術を理解していただくことをテーマにしています。本書を読んで頂ければ、ルールに対する視点や見方がきっと変わります。高度な内容も含んでいますが、バナナがおやつに含まれるのか、Ａ君は班長になれるのか、といった簡単な事例を通じて、平易に理解していただけます。

　また、本書では、ビジネス法務の担当者向けのヒントも多数含んでおります。ビジネス法務担当者の方、法学を学ぶ方、「おやつバナナ命題」が気になる方などに楽しく読んで頂ければ幸いです。

　最後に、本書の着想からまとめまで、第一法規株式会社の石川道子様にひとかたならぬご尽力を賜りました。心よりお礼申し上げます。

2018 年 8 月

弁護士　中野友貴

目次 先生！バナナはおやつに含まれますか？
―法や契約書の読み方がわかるようになる本―

はじめに
目次

PART 1 おやつに含まれる／含まれない

01 イントロダクション ………………………………………………………… 2
02 A君、Bさんの意見の理由 …………………………………………………… 2
03 なぜ意見が異なっているのか（問題点の把握） ………………………… 4
04 「おやつ」という言葉の意味を考える …………………………………… 13
05 「おやつ」を解釈する手がかり①（言葉の本来の意味を考える＝文理解釈）……… 17
06 「おやつ」を解釈する手がかり②（ルールの趣旨・目的＝目的論的解釈）……… 20
07 「おやつ」を解釈する手がかり③（他のルール） ……………………… 32
08 「おやつ」を解釈する手がかり④（利益衡量） ………………………… 34
09 「おやつ」を解釈する手がかり⑤（常識） ……………………………… 36
10 「おやつ」とは何か、色々な立場から考える …………………………… 39
11 「おやつ」とは何か ………………………………………………………… 45
12 A君のバナナはおやつに含まれるか ……………………………………… 49
13 まとめ ………………………………………………………………………… 55

PART 2 ルールを分析する

01 イントロダクション ………………………………………………………… 58
02 ルールは説得するための道具 ……………………………………………… 58
03 ルールを分析する（要件・効果） ………………………………………… 61
04 ルールの効果 ………………………………………………………………… 62
05 ルールの要件 ………………………………………………………………… 74
06 ルールを使うときの考え方（最適なルールを選び出す） ……………… 90
07 まとめ ………………………………………………………………………… 100

PART 3 ルールを解釈する

01 イントロダクション ………………………………………………………… 102

02 導きたい結論から考える ⋯⋯⋯⋯⋯⋯⋯⋯⋯⋯⋯⋯⋯⋯ 104

03 ルールを解釈する場面①（文言が不明確である）⋯⋯⋯⋯⋯ 105

04 ルールを解釈する場面②（結論が妥当でない）⋯⋯⋯⋯⋯⋯ 118

05 ルールを解釈する場面③（ルールが存在しない）⋯⋯⋯⋯⋯ 126

06 ルールを解釈する場面④（他のルールとの関係が明らかでない）⋯⋯ 133

07 まとめ ⋯⋯⋯⋯⋯⋯⋯⋯⋯⋯⋯⋯⋯⋯⋯⋯⋯⋯⋯⋯⋯⋯⋯⋯⋯ 135

PART 4　バナナを持って来た／持って来ていない

01 イントロダクション ⋯⋯⋯⋯⋯⋯⋯⋯⋯⋯⋯⋯⋯⋯⋯⋯⋯⋯ 138

02 何があったのかを定める（事実の認定）⋯⋯⋯⋯⋯⋯⋯⋯⋯ 139

03 ルールを使うなら証明しろ（立証責任）⋯⋯⋯⋯⋯⋯⋯⋯⋯ 141

04 どのように立証するか ⋯⋯⋯⋯⋯⋯⋯⋯⋯⋯⋯⋯⋯⋯⋯⋯⋯ 144

05 トラブルに備える ⋯⋯⋯⋯⋯⋯⋯⋯⋯⋯⋯⋯⋯⋯⋯⋯⋯⋯⋯ 145

06 まとめ ⋯⋯⋯⋯⋯⋯⋯⋯⋯⋯⋯⋯⋯⋯⋯⋯⋯⋯⋯⋯⋯⋯⋯⋯⋯ 147

PART 5　契約を考える

01 イントロダクション ⋯⋯⋯⋯⋯⋯⋯⋯⋯⋯⋯⋯⋯⋯⋯⋯⋯⋯ 150

02 契約とは ⋯⋯⋯⋯⋯⋯⋯⋯⋯⋯⋯⋯⋯⋯⋯⋯⋯⋯⋯⋯⋯⋯⋯ 150

03 契約の成立 ⋯⋯⋯⋯⋯⋯⋯⋯⋯⋯⋯⋯⋯⋯⋯⋯⋯⋯⋯⋯⋯⋯ 151

04 契約書の役割 ⋯⋯⋯⋯⋯⋯⋯⋯⋯⋯⋯⋯⋯⋯⋯⋯⋯⋯⋯⋯⋯ 152

05 契約自由の原則 ⋯⋯⋯⋯⋯⋯⋯⋯⋯⋯⋯⋯⋯⋯⋯⋯⋯⋯⋯⋯ 155

06 契約の解釈 ⋯⋯⋯⋯⋯⋯⋯⋯⋯⋯⋯⋯⋯⋯⋯⋯⋯⋯⋯⋯⋯⋯ 157

07 契約書を作成する場合の留意点 ⋯⋯⋯⋯⋯⋯⋯⋯⋯⋯⋯⋯⋯ 159

08 事例①（秘密保持契約）⋯⋯⋯⋯⋯⋯⋯⋯⋯⋯⋯⋯⋯⋯⋯⋯ 162

09 事例②（業務委託契約）⋯⋯⋯⋯⋯⋯⋯⋯⋯⋯⋯⋯⋯⋯⋯⋯ 172

10 まとめ ⋯⋯⋯⋯⋯⋯⋯⋯⋯⋯⋯⋯⋯⋯⋯⋯⋯⋯⋯⋯⋯⋯⋯⋯⋯ 185

参考事例集―実際のルールを読み解く―

01 X社長、それって賭博では……？ ⋯⋯⋯⋯⋯⋯⋯⋯⋯⋯⋯⋯ 188

02	要件・効果を見つける	190
03	無断コピペを差し止めろ	195
04	商品を安く見せたい	199
05	部品の納期遅延	203
06	フリーランスの残業代	208
07	盗まれた企画	210
08	解雇手続きは慎重に	215
09	邪魔な自動車	217
10	登記されていなかった取締役	218
11	破談した共同事業	221
12	コンサルティング契約の中途解約	224
13	業務委託契約の損害賠償条項	226
14	部長の退職	229

おわりに 231

※本書の内容は、特に断りがない限り、2021 年 6 月 1 日現在、公布されている法令等に基づいています。

PART 1

おやつに含まれる／含まれない

SECTION 01　イントロダクション

事例

ある学校の遠足には次のようなルールがある。

ルール　遠足に持って来ることができるおやつは、400円分までです。

普段から自由なA君は、遠足のときに、お菓子（400円分）とバナナ1房（200円）を持って来た。それを見た学級委員のBさんは、「A君は、合計600円分のおやつを持って来ています。だから、A君は、ルールに違反しています」と先生に伝えた。

一方で、A君は、「おやつは、お菓子400円分しか持って来ていません。持って来たバナナは、おやつではないから、ルール違反ではありません」と先生に訴えた。

さて、皆さんが先生の立場である場合、どのように考えるでしょうか。

バナナがおやつに含まれるわけがないという意見を持つ人もいるかもしれませんし、こんなことを聞かれたら上司に聞いてみるしかないと考える人もいるかもしれませんし、どんなバナナだったのか見てみた方がよいという人もいるかもしれません。

PART 1では、「バナナはおやつに含まれるのか」という命題を巡って、ルールの使い方を見ていきたいと思います。

SECTION 02　A君、Bさんの意見の理由

まずは、A君とBさんに理由を聞いてみましょう。A君とBさんは、先生に、次のような理由を述べているようです。

【A君の言い分（A君はルール違反ではない）】

・バナナがおやつに含まれるなんて常識ではありえない。

・ルール違反をするつもりで持って来たわけではない。

・うちではいつも食事でバナナを食べる。

・みんな弁当箱やフルーツケースに果物を持って来ている。

・バナナには、栄養が多く含まれている。

・バナナはスナック菓子やチョコレートのような加工品ではない。

・バナナは給食で出たことがある。

【Bさんの言い分（A君はルール違反である）】

・他の人は我慢しておやつを400円以内に抑えているのに、A君だけ甘いものをたくさん食べてズルい。

・バナナは甘い味がするから、ご飯だというのは変だ。

・バナナを食べることは食事とはいえない。

・バナナ1房は、弁当箱に入らない。

・バナナ1房は、あまりに大きすぎる。

・カットされたバナナならいいと思うけど、1房は量が多い。

・次の遠足からは皆がスイカやメロンをまるごと持って来ても許されることになってしまう。

　さて、皆さんはA君とBさんの言い分を見て、どのように考えるでしょうか。

　「確かにそうかもしれない」と思われるものもあるでしょうし、「説得力がない」と思われるものもあるでしょう。いずれにしても、ただ理由を言い合っているだけでは解決の手がかりがつかめません。

　日常的に生じる喧嘩やトラブルは、このようなものが多いのではないでしょうか。解決の筋道が立てられないままにただ理由を言い合っているだけでは解決が難しいといえます。結局は声が大きい者が勝つということも

PART 1　おやつに含まれる／含まれない　　3

よくあります。

　まずは、意見の違いを把握するために、ルールに基づいて議論を整理する必要があります。

> **POINT**
> ・喧嘩やトラブルのほとんどは、ただの言い合いである。
> ・ルールに基づいて議論のポイントを整理する。

SECTION 03 なぜ意見が異なっているのか（問題点の把握）

　ルールでは、「おやつは400円分まで」とされています。

　今回、A君がお菓子（400円分）とバナナ（200円）を持って来たことが、このルールに違反しているかどうかが問題になっています。

　A君が持って来たもののうち、お菓子400円分が「おやつ」といえることについては、特に問題なさそうです。

　すると、A君は、既に400円分の「おやつ」を持って来ていることになります。仮に、お菓子とは別に持って来たバナナが「おやつ」といえるならば、A君は、合計で600円の「おやつ」を持って来たことになります。この場合、Bさんの言う通り、A君はルールに違反していることになります。

　一方で、仮にA君が持って来たバナナが「おやつ」といえないならば、A君は、合計で400円分の「おやつ」を持って来ただけといえます。この場合、A君の言う通り、ルール違反にはならないことになります。

■ルール：持って来てよいおやつは、400円分まで

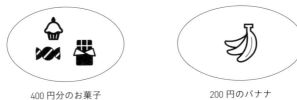

400円分のお菓子　　　　　　　200円のバナナ

　つまり、今回の問題点は、**A君が持って来たバナナが、「おやつ」といえるのかどうか**です。言い換えれば、A君が持って来たバナナが「**おやつ」という言葉に含まれるかどうか**です。

■ルール：持って来てよい「おやつ」は、400円分まで

　A君は、「バナナは『おやつ』に含まれない」と言っています。一方で、Bさんは、「バナナは『おやつ』に含まれる」と言っています。
　この意見の違いを解決するためには、何が「おやつ」といえるのかが示されなければなりません。そのため、今回のルールの中に書いてある**「おやつ」という言葉はどういう意味であるのか**、を考えていく必要があります。
　「おやつ」という言葉の意味を明らかにすることができれば、A君が持って来たバナナが「おやつ」に含まれるのかどうかがわかるため、A君とBさんの意見の違いも解決することができます。

PART 1　おやつに含まれる／含まれない　　5

ルールで物事を解決する以上、ルールから考えていくことが大切です。あるルールを使うことができるのかどうか（適用されるかどうか）でもめた場合には、**ルールに何と書いてあるのか、ルールの何が問題になっているのか**、といった点から考えていくことが重要といえます。

　なぜこのような問題が起こってしまったのでしょうか。

　それは、ルールに書いてある「おやつ」という言葉が必ずしも一義的な言葉ではないからです。ルールの中に、「バナナはおやつに含まれない。」「おやつとは、〇〇〇と△△△、×××である。」と書けば明確になります。このように明確に書くことができれば、今回のように意見の違いが生まれる可能性は小さくすることができます。しかし、**世の中にある様々な食品についておやつかどうかを全て定めておくことはおよそ無理です。**

　そのため、**ルールを作る際には、ある程度、抽象的な言葉を用います。**その結果、含まれるのかどうかが必ずしも明らかではないものがあらわれてしまうのです。

POINT

・ルールが適用されるかどうかが問題になる際には、そのルールの言葉の意味に、今回のケースが「含まれるのか」どうかが問題になる。

・ルールを巡って意見が異なってしまったときの整理の仕方は次のとおり。

1) ルールにはどのように書いてあるのかを確認する。

→「持って来ることができるおやつは、400円分まで」と書いてある。

2) ルールのうちの、何が問題になっているのかを確認する。

→バナナが「おやつ」に含まれるのかどうかが問題になっている。

column

なぜルールを確認するべきなのか

　なぜルールを確認することが大切なのでしょうか。Ａ君もＢさんもルールに違反することはダメだということを、共通に認識しています。ルールを守らなければならないという点には、意見の違いがありません。Ａ君とＢさんが求める答えは、ルールの中にあるといえます。このため、今回の問題を解決するヒントを得るために、ルールを確認することが重要になるのです。このことは、現実の法律や契約書などのルールであっても同じです。法律であれば、立法機関が制定したルールであるため、それらを全く無視してよいという価値観を持った人はほぼいないといえます。契約書もわざわざ当事者同士が締結したものであるため、全く無視してよいと思っている人は多くないといえます。このため、相手がルールに従ってくれるという共通理解に基づき、ルールを確認して、そのルールに基づいて問題を解決することになります。ただし、ルールに従わないという意思決定がされるケースもありますので、ルールがあればそれを守ってもらえるというわけではありません。法律や契約書を作る人は、どのようにすれば作ったルールを守ってもらえるのか、という点に腐心することになります。

●参考事例１

　次の事例では、どのように議論を整理すればよいでしょうか。

　事例

　　Ｂさんは、Ａ君に「テストの点数どうだった？」と聞かれた。Ｂさんは、Ａ君になら教えてもよいと思い、「他の人には秘密にしてくれるなら教えるよ。約束を破ったらジュースをおごってもらうよ」と言ったところ、Ａ君は、「わかった。秘密にするし、約束を破った場

PART 1　おやつに含まれる／含まれない　**7**

合にはジュースをおごるよ」と約束した。そこで、Bさんは、「私のテストの点数は92点だった」と教えた。

　A君は、Bさんの点数に感心した。そこで、自分のノートの隅に、「Bの点数は90点台」と小さくメモした。後日、A君は、C君からノートを貸すように言われて、C君に自分のノートを貸したところ、C君は、「Bの点数は90点台」というA君のメモを見た。

　実は、C君は、このメモを見た時には、Bさんの点数を知っていた。Bさんは、A君に教えるよりも早く、同じようにC君にも「秘密だよ」と言って、自分の点数を教えていたのである。

　C君は、Bさんに、「A君からノートを借りたら、『Bの点数は90点台』と書いたメモを見たけど、テストの点数を秘密にしたいのではなかったの？」と聞いた。

　これによって、Bさんは、A君からテストの点数が漏れるおそれがあることを知った。そこで、Bさんは、「A君は約束を破ったからジュースをおごってほしい」とA君に求めた。しかし、A君は、「僕は約束を破っていない」と言い、ジュースをおごることを拒んだ。

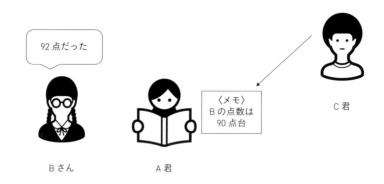

【A君とBさんの約束（ルール）】
①A君はBさんのテストの点数を他の人に秘密にしなければならない。
②A君がこの約束を破った場合には、Bさんにジュースをおごる。

この事例では、Ａ君が自分は約束を破っていないと言い、Ｂさんは、Ａ君が約束を破ったと言っています。Ａ君が約束を破ったといえるのかどうかについて検討することになります。

　そのための問題点を整理してみましょう。

　まずは、要求している側であるＢさんの意見から聞いてみます。

【Ｂさんの言い分】

　Ａ君が、「Ｂの点数は90点台」というメモをしたノートをＣ君に見せたことは、約束を破ったことになるから、Ａ君は私にジュースをおごってほしい。

　Ｂさんの言い分を読むと、次のようにルールを使って立論し、Ａ君に要求していると整理することができます。

【Ｂさんの立論】

　「Ａ君はＢさんのテストの点数を他の人に秘密にしなければならない。」というルール①がある。Ａ君は、「Ｂの点数は90点台」というメモをしたノートをＣ君に見せた。このため、Ａ君は、このルール①に違反することになる。

　また、「Ａ君がこの約束を破った場合には、Ｂさんにジュースをおごる。」というルール②がある。Ａ君は、ルール①に違反しているから「約束を破った」といえる。

　このため、Ａ君は、ルール②に従って、Ｂさんにジュースをおごらなければならない。

　このような立論は、何となく筋が通っているようにも思えます。しかし、立場が違えば、ルールの読み方も異なることがありますので、Ａ君の言い分も検討してみないことには、今回の問題点を見つける

PART 1　おやつに含まれる／含まれない　　**9**

ことができません。そこで、A君の言い分を整理する必要があります。

【A君の言い分】
　確かに、僕はそのノートをC君に見せた。しかし、僕は、ジュースをおごる必要はない。理由は以下のとおりだ。
（1）C君は僕がノートを見せたときには、既にBさんの点数を知っていたのであるから、C君にはAさんの点数を秘密にする必要がない。
（2）僕のメモは、「92点」というBさんの点数ではなく、「90点台」という点数の幅を記載していたに過ぎないから、点数そのものが知られたわけではなく、問題ない。
（3）確かに、僕がメモしたノートを見せたことは軽率だったかもしれないけれど、僕は、テストの点数を教えたのではなく、僕のノートの管理が甘かったに過ぎないから、秘密にしなかったわけではない。
（4）僕はわざとやったのではないから、約束を破ったわけではない。
　以上の理由から、僕は、ジュースをおごる必要はない。

　A君は、Bさんとは違ったルールの読み方をしています。
　ルールのどの部分の読み方がA君とBさんとでは違うのでしょうか。A君の言い分（1）から（4）をふまえて、検討してみましょう。

【言い分（1）】
　C君は僕がノートを見せたときには、既にBさんの点数を知っていたのであるから、C君にはAさんの点数を秘密にする必要がない。

　ルール①（「A君はBさんのテストの点数を他の人に秘密にしなければならない。」）は、「他の人」に対して、Bさんのテストの点数を

秘密にしなければならないとされています。言い分１では、Ａ君は、「Ｃ君には秘密にする必要がない」と言っているので、「他の人」という言葉には、Ｃ君が含まれないと言っていることになります。つまり、Ａ君のルール①の理解の仕方とＢさんのルール①の理解の仕方とでは、**「他の人」という言葉の意味を異なって理解している**ことになります。そのため、この問題を解決するためには、**ルール①の「他の人」という言葉の意味を考えていく必要がある**ことになります。

【言い分（２）】
　僕のメモは、「92点」というＢさんの点数ではなく、「90点台」という点数の幅を記載していたに過ぎないから、点数そのものが知られたわけではなく、問題はない。

　ルール①（「Ａ君はＢさんのテストの点数を他の人に秘密にしなければならない。」）では、他の人に秘密にしなければならないのは、Ｂさんの「テストの点数」とされています。言い分２では、「点数そのものが知られたわけではなく、問題はない」と言っているので、Ａ君は、○点台という点数の示し方であれば、「テストの点数」という言葉には当たらないと言っていることになります。つまり、Ａ君のルール①の理解の仕方とＢさんのルール①の理解の仕方とでは、「テストの点数」という言葉の意味を異なって理解していることになります。そのため、この問題を解決するためには、ルール①の**「テストの点数」という言葉の意味を考えていく必要がある**ことになります。

【言い分（３）】
　確かに、僕がメモしたノートを見せたことは軽率だったかもしれないけれど、僕は、テストの点数を教えたのではなく、僕のノートの管理が甘かったに過ぎないから、秘密にしなかったわけではない。

ルール①（「Ａ君はＢさんのテストの点数を他の人に秘密にしなければならない。」）では、Ａ君がしなければならなかったことは、「秘密にしなければならない」とだけ決められています。言い分3では、「僕のノートの管理が甘かったに過ぎないから、秘密にしなかったわけではない」と言っているので、Ａ君は、ノートの管理が甘かったに過ぎないのであれば、「秘密にしなければならない」という言葉には違反しないと言っていることになります。つまり、Ａ君のルール①の理解の仕方とＢさんのルール①の理解の仕方とでは、「秘密にしなければならない」という言葉の意味を異なって理解していることになります。そのため、この問題を解決するためには、**ルール①の「秘密にしなければならない」という言葉の意味を考えていく必要がある**ことになります。

【言い分（4）】
　僕はわざとやったのではないから、約束を破ったわけではない。

　ルール②（「Ａ君がこの約束を破った場合には、Ｂさんにジュースをおごる。」）では、Ａ君がジュースをおごらなければならないのは、Ａ君が「約束を破った場合」と決められています。言い分4では、「わざとやったのではないから、約束を破ったわけではない」と言っているので、Ａ君は、わざとではない場合には、「約束を破った場合」という言葉には当たらないと言っていることになります。つまり、Ａ君のルール②の理解の仕方とＢさんのルール②の理解の仕方とでは、「約束を破った場合」という言葉の意味を異なって理解していることになります。そのため、この問題を解決するためには、**ルール②の「約束を破った場合」という言葉の意味を考えていく必要がある**ことになります。

以上から、A 君と B さんとの考え方の違いがわかってきました。まとめると、今回の問題点は次のとおりといえます。

問題点 1 : ルール①の「他の人」という言葉の意味

問題点 2 : ルール①の「テストの点数」という言葉の意味

問題点 3 : ルール①の「秘密にしなければならない」という言葉の意味

問題点 4 : ルール②の「約束を破った場合」という言葉の意味

　このようにルールのどの部分の意味が問題になっているのかを考えることが大切です。

SECTION 04 「おやつ」という言葉の意味を考える

　さて、前の SECTION では、A 君がバナナを持って来たことがルール違反になるのかどうかについて、問題点を確認しました。問題点は、A 君が持って来たバナナが「おやつ」という言葉に含まれるのかどうかです。

　なぜ、私たちは、A 君が持って来たバナナが「おやつ」に含まれるかどうかを明確に判断することができないのでしょうか。

　それは、「おやつ」という言葉が曖昧なものであるからです。「おやつ」という言葉が何から何までを示しているのかがよくわからないため、「おやつ」という言葉に「A 君が持って来たバナナ」が含まれるかどうかもよくわからないのです。

　言葉には様々なものがありますが、「おやつ」という言葉に限らず、必ず一定の曖昧さが付きまといます。例えば、「本」という言葉を考えてみても、書物、書籍を意味しますが、何ページあれば書物になるのかは明らかではありません。

　「おやつ」という言葉のままでは、A 君が持って来たバナナが「おやつ」

PART 1　おやつに含まれる／含まれない　**13**

に含まれるかどうかの判断はできません。そのため、「おやつ」という言葉の意味を解釈して、別の言葉に置き換えたり、範囲を定めたりすることが必要です。

　つまり、**遠足のルールの「おやつ」とは、どのような意味であるのか、を言い換えによって定めることが必要であるといえます。**

　ただし、「おやつ」という言葉を自由に言い換えてよいわけではありません。人によって言葉に対するイメージは異なります。それぞれの人が全くの自由に「おやつ」という言葉を解釈して、言い換えをしてしまうと、全くのバラバラな意見になってしまいます。結局、「おやつ」とは何か、という問題点を解決できなくなってしまいます。

　説得的な解釈をするためには、もともとのルールにはどのように書いてあるのか、ルールをどのように読むことができるのかなどといった一定の手がかりに基づいて、言い換えをする必要があります。

POINT

・ルールは曖昧であることがあるため、解釈が必要である。
・解釈をする際には、ルールを解釈する際の手がかりに基づいてしなければならない。

---

column

法的三段論法①

　ルールを使うためには「**法的三段論法**」という考え方を理解しておく必要があります。法的三段論法は、**法律（ルール）を解釈して適用するための思考プロセス**です。内容を詳しく知っておく必要はありませんが、このような思考プロセスを実践できることは法律（ルール）を使いこなすうえでは極めて重要といえます。

法的三段論法に基づく思考プロセスは次のようになります。

①大前提（ルールの内容）
・「おやつを持って来てはならない」というルールがある。
・「おやつ」にはバナナが含まれる。
②小前提（事実）
・A君は、バナナを持って来た。
③結論（導かれる結果）
・A君は、ルール違反である。

　この例は、「おやつ」にバナナが含まれることになっていましたので、A君は、ルール違反になりました。「おやつ」にバナナが含まれないルールであれば、次のようになります。

①大前提（ルールの内容）
・「おやつを持って来てはならない」というルールがある。
・「おやつ」にはバナナが含まれない。
②小前提（事実）
・A君は、バナナを持って来た。
③結論（導かれる結果）
・A君は、ルール違反ではない。

　上の二つのケースでは、「おやつ」にバナナが含まれるのか、含まれないのかが既に明らかになっていました。
　しかし、実際には、「おやつ」にバナナが含まれるのかどうかは明らかではありません。このような場合には、大前提（ルールの内容）を解釈によって特定していくプロセスが必要になります。大前提の内容が定まらない限り、小前提を検討しても、結論を出せないからです。大前提（ルールの内容）を特定するプロセスを**ルールの**

PART 1　おやつに含まれる／含まれない　**15**

解釈（法律であれば「法解釈」）といいます（PART 1、PART 3 で説明します）。

　さらに、A君が弁当以外には何も持って来ていないというケースでは次のようになります。

---

　①大前提（ルールの内容）
　↓・「おやつを持って来てはならない」というルールがある。
　②小前提（事実）
　↓・A君は、弁当の他には何も持って来ていない。
　③結論（導かれる結果）
　　・A君は、ルール違反ではない。

　このケースでは、弁当が「おやつ」に含まれませんので、大前提の内容には問題がありません。ルールの解釈をしなくても結論を導くことができます。

　しかし、A君が弁当の他にお菓子を持って来たのではないか、などが争いになる場合があります。つまり、小前提（事実）に争いがある場合です。このように、小前提（事実）に争いがある場合も、結論を導くことができないので、小前提（事実）を特定する必要があります。どのような事実があったのかを定める作業を**事実認定**といいます（PART 4 で説明します）。

　結局のところ法的三段論法とは、どのようなルールがあり、どのような事実があるのかをふまえたうえで、**あるルールの内容に、今回のケース（事実）が「含まれるか」どうかを検討することによって、結論を導く**というものです。

　このような思考プロセスをとることにより、ルールに従って考えることになりますので、重要であるといえます。

SECTION 05 「おやつ」を解釈する手がかり①
（言葉の本来の意味を考える＝文理解釈）

　では、実際に「おやつ」を解釈して、別の言葉に言い換えてみましょう。別の言葉に置き換えるときに最も重要になるのが、**その言葉の本来の意味**です。

　本来の言葉の意味から大きく離れてルールが解釈されてしまえば、言葉でルールを定めた意味がなくなってしまい、他の人の納得が得られないことになります。次第に、言葉の意味を離れて、自分勝手にルールが解釈されてしまい、ルールが守られなくなってしまうでしょう。ルールに書いてある言葉の意味は何かという点を確認することが非常に重要です。

　それでは、「おやつ」とはどのような意味を持つ言葉であるのかを確認してみましょう。

　旺文社国語辞典第11版によると、「おやつ」とは、「間食」という意味であるとされます。これで、「おやつ」という不明確な言葉を「間食」と言い換えることができました。国語辞典に書いてあるくらいなので、多くの人に理解されている意味といえます。このような言い換えは、かなりの説得力を持ちます。

　さて、これをふまえると、A君が持って来たバナナは、この「おやつ」に含まれるでしょうか。バナナは間食にするかもしれませんし、食事の一環として食べることもあるかもしれません。そのため、バナナが間食になるのかどうかは、よくわかりません。言葉の意味を見るだけでは、「おやつ」とは何かという問いに対し、答えを出すことは難しそうです。今回は、このような言葉の意味だけでは決着がつきません。このように、言葉の意味から解釈するという方法は、説得力を持つものではありますが、それだけでは解決できないこともあります。

　とはいえ、言葉の本来の意味をきちんとふまえなければ、妥当ではない

PART 1　おやつに含まれる／含まれない　17

解釈をしてしまうおそれがあります。そのため、**言葉の本来の意味を捉えるということは、ルールの解釈の基本として非常に重要です**。ただし、解釈をすると、本来の言葉から離れてしまうことがあるため、注意が必要です。

ちなみに、このような言葉の意味からルールを読み解く方法を、**文理解釈**と呼びます。

POINT

・ルールの解釈は、まずはその言葉の本来の意味から考えることからスタートする。
・ルールの解釈をするようになると、ついつい本来の言葉から離れてしまうことがあることに注意する。

●参考事例2

次の事例では、A君の立場からはどのような意見がいえるでしょうか。

　事例

　　A君は、教室で友達と走りまわっていたところ、Bさんに怒られた。Bさんによれば、教室で走り回ることがクラスの規則（ルール）に違反するという。A君は、そんなルールはないと反論した。Bさんは、クラスの規則を確認したところ、走り回ることを止めさせることができるルールを見つけた。

　ルール　**廊下を走ってはならない。**

　前のSECTIONで説明したとおり、まずはルールを確認します。

　Bさんは、走り回ることがルール違反だと言いたいので、走り回ることを禁止するルールを見つけました。これが「廊下を走ってはなら

ない」というルールです。他に有効なルールを見つけていないようなので、Bさんは、このルールに従って、A君がルール違反であると主張することになります。

これに対して、A君の立場からは、次のような立論がありえます。

【A君の立論】

「廊下」とは、旺文社国語辞典第11版によれば、「建築物の中の部屋と部屋、または建物と建物とをつなぐ細長い通路」である。クラスの規則には「廊下」という言葉が用いられており、それ以外に何も説明がついていないのであるから、このような「通路」を走ることを禁止しているに過ぎない。僕が走り回ったのは、教室の中であって、部屋と部屋、または建物と建物をつなぐ通路ではない。だから、僕が教室内を走り回ったことは、「廊下を走ってはならない。」というクラスの規則に違反しない。

いかがでしょうか。言葉の意味から解釈するという手法は、まずは言葉にこだわるという点で非常に大切です。A君の立論は、言葉の意味だけを手がかりとすれば正しいといえます。

ただし、A君は、教室内を走り回るという危ないことをしています。それにもかかわらず、ルールでそれを禁止できないとすれば、何となく納得がいかないとも思われるのではないでしょうか。このような場合には、言葉の本来の意味だけではなく、ルールを適切に解釈して、妥当な結論を導かなければならなくなります。その方法については、後のPART 3で説明します。

PART 1　おやつに含まれる／含まれない　**19**

SECTION 06 「おやつ」を解釈する手がかり② （ルールの趣旨・目的＝目的論的解釈）

1 重要な手がかり「ルールの趣旨・目的」

　言葉そのものの意味から「おやつ」とは何かを考えてみましたが、「おやつ」とは、「間食」と出てくるだけであるので、言葉の意味を調べるだけでは、ちょっと手がかりが少ないようです。その結果、A 君の持って来たバナナが「おやつ」に含まれるかどうかは解決しませんでした。

　ルールで使われる文言がどのような意味であるのかを考える際には、言葉の意味以外の手がかりが必要であるといえます。ルールを解釈する際の重要な手がかりが、**ルールの趣旨・目的**です。

　ルールの趣旨・目的とは、「そのルールがなぜ規定されることになったのか、そのルールは何を目指しているのか」をいいます。簡潔に言えば、ルールが定められた理由をいいます。

　法律には、ルールの目的が書いてあることがあります。

> **【最低賃金法】**
> （目的）
> 第１条　この法律は、賃金の低廉な労働者について、賃金の最低額を保障することにより、労働条件の改善を図り、もつて、労働者の生活の安定、労働力の質的向上及び事業の公正な競争の確保に資するとともに、国民経済の健全な発展に寄与することを目的とする。

> 【個人情報の保護に関する法律】
> （目的）
> 第１条　この法律は、高度情報通信社会の進展に伴い個人情報の利用が著しく拡大していることに鑑み、個人情報の適正な取扱いに関し、基本理念及び政府による基本方針の作成その他の個人情報の保護に関する施策の基本となる事項を定め、国及び地方公共団体の責務等を明らかにするとともに、個人情報を取り扱う事業者の遵守すべき義務等を定めることにより、個人情報の適正かつ効果的な活用が新たな産業の創出並びに活力ある経済社会及び豊かな国民生活の実現に資するものであることその他の個人情報の有用性に配慮しつつ、個人の権利利益を保護することを目的とする。

　このような目的がルールを読み解く際の手がかりになります。

　一方で、趣旨は、法律には書いていません。ある法律で定められた条文の趣旨が何であるのか、という点が議論になる場合もあります。

　このようなルールが定められた趣旨・目的がルールを読み解く際の重要な手がかりです。ルールの読み解きが問題になった場合には、「趣旨・目的が何であるのか」を検討することが重要になります。ルールの趣旨の重要度は、「言葉の本来の意味」と並んでトップ２といえます。

2 今回のルールの趣旨は何であるか

　さて、それでは、「持って来ることができるおやつは400円分まで」というルールの趣旨は何でしょうか。いろいろと考えられると思います。例えば、次のものはどうでしょうか。

【想定される趣旨①】

　おやつの上限を設定しないと持って来たいだけおやつを持って来ることになる。これにより荷物の分量が増えてかさばること、食べ過ぎて体調を崩すことなどから、遠足の円滑な遂行に支障が生じる。そのような事態を

PART 1　おやつに含まれる／含まれない　　**21**

防止することが趣旨である。

【想定される趣旨②】

　家庭によって経済事情に差があるにもかかわらず、何の制限もなくおやつに含まれる食べ物を持って来ることを許せば、持って来たおやつの価格で生徒ごとに大きな差が生じることが想定される。生徒間の平等感を確保するために、金額を制限することが趣旨である。

【想定される趣旨③】

　おやつに含まれる食品の多くは、塩分・糖分などが過剰に含まれるものである。そのような食品を無制限に持って来ることを許せば、塩分・糖分の過剰摂取により、生徒の健康を害するおそれがある。これを防止することが趣旨である。

【想定される趣旨④】

　Ｐ教頭先生の研究によると、一度に支出するお小遣い額は、月あたりのお小遣い額の40％程度に収めることが望ましいとのことである。学校の統計調査によると、多くの家庭のお小遣い額が1,000円であったため、遠足で支出するお小遣い額を400円に設定すれば、望ましい教育効果を期待することができる。これを目指すことが趣旨である。

【想定される趣旨⑤】

　ルールを設定したＱ先生には、大嫌いな駄菓子屋Ｓがある。その駄菓子屋Ｓは、学校の近くにある。遠足でおやつを無制限に持って来ることを許せば、その駄菓子屋Ｓの売上が上がり、Ｑ先生にとって不満である。駄菓子屋Ｓの売上を上げないように、生徒が買うことができるおやつの金額に上限を設けることが趣旨である。

このうち、①から③については、一般的にあるかもしれないと思われる趣旨だと思います。

④については、そのような趣旨で400円分までというルールを定める学校が実際にあるのかはわかりませんが、もしかしたらあるかもしれません。

⑤については、おそらくないと思われます（しかし、このルールを定めた先生がそのような趣旨で定めたものであるのであれば、これも今回のルールの趣旨ということになります。しかし、こんな変な趣旨目的でルールを作られたら大変なので、誰が・どのようにルールを作るのかを理解しておくことは非常に重要であるといえます[1]）。

このように、ルールはある趣旨をもって作られています。ルールを解釈する際には、ルールの趣旨を確認することが非常に重要です。

3 趣旨が何であるのかがわからない場合

ルールの趣旨は、一つとは限りません。例えば、「おやつは400円分まで」というルールを定める学校の多くは、上記の趣旨のうち、①から③が趣旨であると理解しているのではないかと思われます。

また、「何が趣旨であるのか」は必ずしも明確であるとはいえません。そのため、そもそも、「そのルールの趣旨は何であるのか」という点が議論の対象になることもあります。非常に多くの人や時間を使って作った法令であっても同じです[2]。もし、趣旨が不明である場合には、趣旨が何であるのかという点も、ルールを作ったときの状況や、ルールを作った人の意思をふまえて検討していく必要があります。

---

[1] 法律は、立法機関である国会で作られます。選挙により適当と思われる人を選んでいることにより、多数にとって「おかしい」ルールができづらい仕組みになっています。
[2] 例えば、民法545条1項「当事者の一方がその解除権を行使したときは、各当事者は、その相手方を原状に復させる義務を負う。ただし、第三者の権利を害することはできない。」という規定は、その趣旨に見解の相違があります。一般的な見解は、契約が解除されると、契約が消滅するとともに、そもそも契約がなかったことになる趣旨であると理解し、一方でこれに反対する見解は、契約がなかったことにはならず、契約がなかった状態に戻す義務が発生する趣旨であると理解します。

column
ルールを作った人の意思

　ルールの趣旨を理解する際には、「ルールを作った人がルールを作ったときに想定したこと」が代表的な手がかりとして挙げられます。例えば、法律であれば、制定機関である国会での議論の内容が参考になります（国会の答弁などの資料をふまえて趣旨を理解することもあります）。契約書であれば、契約を締結した当事者同士の議事録などがあれば、ルールの意味を明らかにすることができます。そこで、ルールの内容が不明確である場合には、ルールを作った人がルールを作ったときに考えたことが記載された記録を検討することが有益であることがあります。

　しかし、このような記録が残っていないことも多いといえます。契約を締結する際には、口頭でやりとりし、わざわざ議事録を残さないことがあるからです。

　また、ルールを作った時には想定していなかった問題が生じている場合には、ルールを作った時の記録を参照しても、意味がないことも多いです。

　以上のとおり、ルールを作った人の考えがわかる場合には、それはきちんと理解して参考にするべきですが、ルールを作った人の考えがわからないことも多いといえますので、常に参考になるわけではないことが難しいところです。

●参考事例3

　事例

　あるコンビニエンスストアには、次のルールがある。その趣旨は何か。

> **ルール** 立ち読みはしてはいけません。

　ルールの趣旨は、ルールを決める者が何を考えてルールを定めたのかを考えていくとわかってきます。上のルールを定めたお店がどのようなお店なのか、なぜこのようなルールを定めたのかに関する情報が全くないので、趣旨も一つに絞れませんが、次のようなものである可能性があると考えられます。

　例えば、立ち読みをしてしまうと、そこに人がとどまってしまうことになります。お店があまり広くなく、通路が狭いと、他の人が通り抜けできなくなってしまうおそれがあるため、これを防止する趣旨かもしれません。

　また、立ち読み客がいれば、店員が商品の陳列をスムーズに行えなくなるおそれがあります。これを防止する趣旨かもしれません。

　ほかにも、立ち読みがされれば、商品が手に取られ、ある程度の時間、商品が読まれて使用されます。これにより、商品の劣化が進むおそれがあるため、これを防止する趣旨かもしれません。

　さらに、立ち読みで十分と考えた客が、商品を購入しなくなるおそれがあります。これにより、店の売上が低下することを防止する趣旨かもしれません。このように、ルールには趣旨が色々考えられます。

4　趣旨・目的の使い方

　ルールの言葉は、ルールの趣旨をふまえて理解していくことになります。

　では、「持って来てよいおやつは400円分まで」というルールの趣旨が、前述の趣旨③、趣旨④、趣旨⑤である場合は、それぞれ、「おやつ」とはどのようなものであるといえるでしょうか。

【趣旨③】

　塩分・糖分の過剰摂取を防止するため、弁当以外の食べ物に制限を加える趣旨。

　今回のルールの趣旨がこのようなものである場合、次のような説明がありえます。

　塩分・糖分が多く含まれる食品ではないのであれば、塩分・糖分の過剰摂取のおそれはない。そのため、「塩分・糖分が多く含まれる食品ではない食品」については、持って来ることを禁止する必要がない。反対に、塩分・糖分が多く含まれる食品に限って上限を定めれば塩分・糖分の過剰摂取を防ぐことができ、ルールの趣旨を達成できる。すると、「おやつ」とは、「弁当以外の食べ物であって、塩分・糖分が多く含まれているもの」ということができる。

【趣旨④】

　一度に支出するお小遣い額に制限を加えて教育効果を高める趣旨。

　架空の事例であるため、このような趣旨でルールが設けられているわけではありませんが、仮にこのような趣旨であるとすれば、以下のような考えができるでしょう。

　お小遣いを支出する金額を制限するためのルールであるから、お小遣いを支出せずに入手した食品であれば、上限を定める必要がない。また、お小遣いを支出して購入した食べ物に限って上限額を定めればルールの趣旨は達成できる。そこで、「おやつ」とは、「弁当以外の食べ物であって、お小遣いを支出して購入したもの」をいう。

【趣旨⑤】

　生徒が駄菓子屋Ｓでお菓子を買って、駄菓子屋Ｓの売上が増えることを防ぐ趣旨。

　これももちろん架空事例ですが、今回のルールの趣旨が、仮にこのようなものであるとすれば、次のような解釈がありえます。

　駄菓子屋Ｓの売上を上げないことを趣旨とするため、駄菓子屋Ｓの売上を上げない食べ物であれば、持って来ることを禁止する理由はない。また、駄菓子屋Ｓの売上を上げる食べ物に限って上限額を定めれば駄菓子屋Ｓの売上は上がらないため趣旨を達成できる。つまり、「おやつ」とは、「弁当以外の食べ物であって、駄菓子屋Ｓで購入されたもの」といえる。

　このように、ルールの趣旨をふまえてルールの中の文言の意味を特定していく解釈の方法があります。趣旨をふまえてルールを考えるという姿勢は、ルールを解釈する際に非常に重要です。このように、趣旨や目的から解釈する手法を**目的論的解釈**といいます。

POINT

・ルールの狙いを趣旨という。
・ルールは趣旨をもって作られているため、ルールの言葉の本来の意味と並ぶ非常に重要な手がかりである。
・ルールを解釈する際には、趣旨が何であるのかを確認しなければならない。
・ルールを解釈する場合には、ルールの趣旨をふまえて、言葉の意味を定めていくことが重要である。

PART 1　おやつに含まれる／含まれない

●参考事例4

事例

　A君とB さんが歩いているとボロボロの橋があった。橋の脇には「このはし、わたってはいけない」という札とともにロープで橋に入れないようにしてあった。A君は、昔にどこかで聞いたことがあるような状況であり、ここで堂々と渡れたらかっこいいかもしれないと思い、「『端』を渡ってはいけないのであって、中央を渡ることは禁止されていない」と言って、意気揚々と、橋の中央を渡ろうとした。

　Bさんは、「『このはし』は、『この端』ではなく、『この橋』ではないか。端であろうと中央であろうと橋を渡るのは危ないのでは」とA君に言ったものの、A君は、「きっと大丈夫。昔話で聞いたことがあるから」と言って渡り始めた。

＜橋の状況＞
・全体的にボロボロで、中央だけが安全そうな様子はない。
・橋の入り口に入れないようなロープがかかっている。
・橋の幅は、人がすれ違うことができる程度である。
・近くに渡ることができる橋がある。

> **【立て札】このはし、わたってはいけない。**

　さて、「このはし、わたってはいけない」というルールの「はし」がどのような意味であるのかについて、A君とBさんの見解が異なっています（A君が本心で言っているのかは不明ですが）。

　ルールだけ見れば、確かに「端」とも「橋」とも読めると思います。しかし、橋の状況をふまえれば、中央であっても端であっても、危険なことには変わりなさそうです。しかも、橋の入り口にロープがかけられており、中央にも入れないようになっています。また、橋の幅が広くないので、中央だけ歩くことも難しそうです。さらに、近くに渡

ることができる橋があるので、無理にこの橋を渡る必要もなさそうで
す。

　とすれば、「このはし、わたってはいけない。」というルールの趣旨
は、「橋に立ち入ることによって橋が崩落して人の生命・身体・財産
に危険が生じることを防止すること」といえますので、「このはし」
は、「この橋」と解釈することが適当であるといえます。

●参考事例5

事例

　A君が書店で陳列されている新聞をじっと眺めていた。Bさんが
「何を見ているの？」と聞くと、A君は、「新聞の一面が興味深いから、
読んでいるんだよ」と言う。

　Bさんは、「立ち読みは禁止されているよ」と言うと、A君は、「手
に取っているわけではないし、表に見えている一面だけを読んでいる
のであるから、立ち読みではないよ」と言う。

> **ルール** 雑誌・新聞の立ち読みはしてはいけない。

　A君が新聞を手に取らずにじっと読む行為が「立ち読み」といえ
るのかが問題になります。「立ち読み」とは、旺文社国語辞典第11版
によれば、「本屋で本や雑誌などを買わずに、立ったまま読むこと」
をいいます。しかし、A君が新聞を手に取らずにじっと読む行為を
も意味しているかどうかは明らかではありません。

　そこで、「立ち読み」の意味をルールの解釈により、定めていくこ
とになります。雑誌・新聞の立ち読みを禁止する趣旨は、いくつかあ
り得るところです。一般的に考えられそうな趣旨から「立ち読み」の
意味を定め、A君が新聞を読むことがルールに違反しているかどう
かを見てみましょう。

PART 1　おやつに含まれる／含まれない　　**29**

【趣旨①】

　立ち読みをしてしまうと、そこに人がとどまってしまうことになる。これにより、他の人が商品を見ることができなくなるおそれや、人の通行を妨げるおそれがあるため、これを防止する趣旨。

　この趣旨をふまえると、そこに留まること自体を防止するべきといえるため、「立ち読み」とは、「立ち止まって読む行為」をいうことになります。A君のように手に取らなかったとしても、そこに立ち止まって読んでいる以上、「立ち読み」に当たるといえるでしょう。

【趣旨②】

　立ち読みにより、商品が手に持たれて使用されることになる。これにより、商品の劣化が進むおそれがあるため、これを防止する趣旨。

　この趣旨をふまえると、手に取って読むことで商品を劣化させるおそれがあるため、手に取る行為を特に禁止しているものといえます。このため、「立ち読み」とは、「商品を手に取って読む行為」といえます。これをふまえると、A君が手に取らずに新聞の一面を読むことは、「立ち読み」には当たらないことになります。

【趣旨③】

　立ち読みで十分と考えた客が、その商品を購入しなくなるおそれがある。これによって、店の売上が低下することを防止する趣旨。

　この趣旨をふまえると、どのように読むかに関わらず、購入する意思なく読まれてしまえば売上が下がってしまいます。これを防止するためには、購入する意思がないにもかかわらず、読む行為を一律に禁止するべきといえることになります。そのため、「立ち読み」とは、

「購入意思がないにもかかわらず、商品を読む行為」をいうことになります。これをふまえると、A君が新聞の一面を読むことは、手に取っているかどうかにかかわらず、「立ち読み」に当たることになります。

column
○○解釈とはいうけれど……

　趣旨目的から解釈していくという目的論的解釈は、解釈手法の一つです。法の解釈は、何を根拠として解釈するのかという点に着目して、いくつかの解釈手法に分類することができます。

　例えば、言葉そのものを根拠とする文理解釈、趣旨目的を根拠とする目的論的解釈、立法者意思を根拠とする立法者意思解釈、他の法との整合性を根拠とする体系的解釈、外国法との相違比較を根拠とする比較法的解釈、法律の歴史的な沿革や経緯を根拠とする歴史的解釈などが挙げられます（このような分類の方法は、論者により異なります）。

　このような解釈手法のどれか一つで解釈するということはなく、各手法で用いる根拠のいずれも無視できるものではありません（法律の研究者になるのでなければ、このような解釈手法の分類を知っておく必要はありません）。

　また、このような解釈の根拠に基づく分類のほかに、解釈の方法に基づく分類もあります。

　例えば、文理解釈、反対解釈、類推解釈、拡張解釈、縮小解釈、もちろん解釈などです。法律を少し勉強された方なら、聞いたことがあるかもしれません。こちらについては、法律を使いこなすためには、どのようなものか知っておくとよいです。

　これらについては、PART 3で触れます。

PART 1　おやつに含まれる／含まれない　**31**

SECTION 07 「おやつ」を解釈する手がかり③（他のルール）

　趣旨・目的に次ぐ手がかりとしては、他のルールがどのように規定されているかという点があります。ルールの定め方全体を見て、整合的であるように読み解くことが重要になります。

　例えば、次のようなルールになっている場合、どうでしょうか。

> ルール
> ・持って来てよいおやつは、**400 円分**まで。
> ・持って来てよいフルーツは、**200 円分**まで。

　このルールでは、「おやつ」という言葉と「フルーツ」という言葉を使い分けています。「おやつ」と「フルーツ」を別のものとして見ていることになります。

　すると、「おやつ」には、少なくとも「フルーツ」が含まれないことになるといえます。バナナは「フルーツ」に含まれますので、「おやつ」にバナナが含まれるという解釈は、「持って来てよいフルーツは、200 円分まで。」というルールと矛盾してしまいます。

　結果として、バナナが「おやつ」に含まれないことになります。

　また、次のようなルールの場合、どうでしょうか。

> ルール
> ・持って来てよいおやつは、**400 円分**まで。
> ・ルールを解釈する場合には、可能な限り、**生徒の自主性・自由を尊重した解釈**をする。

　このようなルールになっている場合、「おやつ」の意味を広く解釈され、何でもかんでも「おやつ」に当たるとされてしまうと、すぐに 400 円を超えてしまい、生徒が持って来ることができる「おやつ」が少なくなってしまいます。すると、生徒の自主性・自由が制約されてしまいます。このため、「おやつ」の範囲をできるだけ狭く解釈するという考え方が成り立ち

そうです。

　「おやつ」に含まれるのかどうかが不明な場合には、生徒の自主性を尊重して、「おやつ」には含まれないと解釈するべきといえますので、バナナは「おやつ」に含まれないという考え方がありえるでしょう。

　このように、他のルールの内容が、ルールを読み解く手がかりになる場合があります。

POINT

・ルールは、他のルールと整合することが適当である。そのため、他のルールの規定がルールの解釈において有用な手がかりになる場合がある。

---

column

形式的理由と実質的理由

　ルールを解釈するにあたって、自らの主張を思考し、展開する際には、**形式的理由**と**実質的理由**の区別を意識すると説得力を持ちます。

　形式的理由とは、ルールにはどのように書いてあるのか、というルールの書き方・書きぶり（形式面）を根拠にする理由づけです。

　「廊下を走ってはならない」というルールがあるときに、教室内を走ることは許されるのか、という問題があったとします。このときに、「廊下」と書いてあることに注目して、ルールを解釈することになります。

　形式的な側面は、まさに書いてあることなので、根拠として明確であり有用です。

　一方で、**実質的理由**とは、ルールの書き方・書きぶり以外の要素

PART 1　おやつに含まれる／含まれない　**33**

（実質面）を根拠にしてする理由づけです。「廊下を走ってはならない」というルールがあるときに、教室内を走ることは許されるのか、という問題があるとします。このときに、廊下・教室内それぞれで走り回ることがどれだけ危険であるのか、教室内を走り回る必要があるのか、過去にどのような事故があったのか、このルールはどのように使われてきたのか、などルールに書いていないことを根拠にしてする理由づけです。定められたルールは万能ではないので、形式的理由だけで決着がつくものではありません。形式的な理由だけでは妥当な解釈を導くことはできないため、実質的理由も併せて主張することが重要といえます。

　このように、ルールの解釈をする際には、形式的理由と実質的理由の両方を意識して思考し、表現するとよいです。

SECTION 08　「おやつ」を解釈する手がかり④（利益衡量）

　ルールを別の言葉に言い換える手がかりの四つ目として、**利益衡量**があります。法律を学ぶ場以外ではあまり聞かない言葉です。

　ルールが用いられると、立場によって利益を受ける人、不利益を受ける人がある場合があります。例えば、「夏の暑い日は、できるだけ教室の窓を開けます」というルールがあることによって、涼しい風が入り、クラス全体では授業や快適になるという利益・価値があります。しかし、一方で、窓側の生徒にとっては、風が吹いて机の上のものが飛ばされるという不利益があるかもしれません。

　このように、ルールが用いられると、ある利益が守られる一方で、それにより別の利益が制約される場合が多くあります。このときに不当にある利益が守られたり、不当にある利益が害されたりしてはならないため、バランスを確保することが重要になります。

34

このようなバランスを確保するためには、利益衡量を行って、バランスがとれていない解釈を排除する必要があります。

　つまり、そのために、①ルールが適用されることによって守られる利益・価値や、その反対として害されてしまう利益・価値としてどのようなものがあるのかを適切に把握すること、②双方の利益・価値を考慮して、バランスが失われているような解釈がされないように気を付けること、③バランスが失われているときには、その解釈は採用しないことになります。

POINT

・ルールを適用する際には、利益が対立することが多い。
・ある利益を守る場合、それによって制約される利益を把握して、不当に制約されないかを確認することが重要である。
・他の利益を不当に制約してしまう解釈は妥当ではないため採用できない。

●参考事例6

　事例

　次のルールが使われた場合に保護される利益・制約される利益は何か。

> ルール
> ①学級会では、挙手して、指名を受けてからでないと発言してはならない。

> ルール
> ②本人確認書類として免許証の提示がない限り、本契約には応じません。

　①により、「秩序ある会議の実現」という利益が保護される一方、「自由な発言や活発な議論の実現」という利益が制約されます。

PART 1　おやつに含まれる／含まれない　　**35**

②により、「確実な本人確認の実現」という利益が保護される一方、「簡易・迅速な契約の実現」という利益は制約されることになります。

---

column
法律で保護される利益・制約される利益

　法律を使う場合にも、ある利益を保護すれば、別の利益が制約されるということはよくあることです。例えば、捜査機関が自由に人の家に立ち入ったり、人を取り調べたりできれば、犯罪の検挙率は上がると思われますが、反対に、捜査を受ける人の権利利益が制約されます。

　また、著作権の保護という観点は重要な利益であり、著作権法は、著作権の保護のために、様々な保護制度を用意しています。しかし、知的創作は、多かれ少なかれ他人の創作の上に立つものといえます。そのため、著作権があまりに保護され過ぎると、新たな創作がされづらくなり発展を阻害するという不利益もあります。

　また、個人情報やプライバシーの保護は、尊重されるべき重要な利益であり、法令による保護が求められます。しかし、近年、IoTやAIを活用して、個人情報やプライバシー情報などを解析して、高い利便性を持つサービスが考えられるところ、個人情報やプライバシーを保護し過ぎると、このようなサービスの発展が難しくなる場合もあります。

　ルールを解釈する際には、このような対立する利益を尊重し合いながらバランスのとれた解釈を心がけることが重要になります。

SECTION 09　「おやつ」を解釈する手がかり⑤（常識）

　ルールの読み解く手がかりをもう一つご紹介します。それは**常識**です。

これまで説明してきた手がかりである、言葉の意味、ルールの趣旨、他のルールの内容などをふまえてルールを解釈した結果、変な結論になってしまう場合は、ルールの解釈が妥当ではない可能性があります。ルールは、人と人の関係を規律するものである以上、それらのルールが適用される者の常識に反してしまう結果は、妥当性に疑いがあるといえます。ルールを解釈する際には、その結果が常識から大きくズレることは許されません。

　そのため、ルールを解釈するときには、その結果が常識に照らして、妥当といえるのかを検討する必要があります。

　もし、常識に照らして不自然であれば、そのような解釈は妥当ではないとして排除することになります。

　ここでいう常識とは、一般の人が持っている一般常識から、特定の業界・団体内にある常識など様々なものがあります。また、常識は、時によって変化するものでもあります。このような常識をふまえておかしな結論になっていないかを検討する必要があります。

> ルール　**持って来てよいおやつは、400 円分まで。**

　C 君は、次のように考えたとします。

　「おやつを 400 円までに制限している趣旨は、甘いものの食べ過ぎを防止することにある。そのため、『おやつ』とは、甘い食べ物全てを意味するといえる」。このような C 君の解釈を前提とすれば、バナナはもちろんのこと、弁当箱に入ったフルーツも甘いため、「おやつ」に当たるということになってしまいます。

　このような結論は、通常の常識からすれば、変であるといえるため、通常は支持を得られないと思われます。このような場合には、このような解釈は誤っている可能性があります。

　もちろん、常識は集団により異なるため、必ずしも一般人の常識（一般常識）に従うものではありません。

PART 1　おやつに含まれる／含まれない　**37**

POINT

・常識に沿わない結論を導く解釈は、妥当ではない疑いがある。

column

必要性と許容性

　法解釈をする際の重要な視点として、**必要性**と**許容性**があります。

　必要性と許容性は対立する概念です。これらが意識されると主張が法律家っぽくなります。

　まず、求めたい事柄がなぜ必要であるのか、に注目した概念が**必要性**です。

　例えば、「学級会では、挙手して、指名を受けてからでないと発言してはならない。」というルールを設ける場合、なぜそれが必要であるのかに注目することになります。例えば、

・指名がないままに発言がされてしまえば、多数の発言が同時にされて有益な意見を拾えなくなってしまう。

・声が大きい人の意見ばかりが通るようになってしまう。

・各人の発言回数を調整できなくなってしまう。

・思い付きで発言することがなくなり、練られた発言が増えることが期待できる。

などがこのルールの必要性として挙げられます。必要性は、比較的わかりやすいと思います。

　一方で、**許容性**とは、自分の主張の不都合な点がなぜ許容されるのかという点に注目した概念です。自分の主張を通すためには、他の利益が制約されるなどといった多かれ少なかれ何らかの不都合が生じる場合があります。そのような不都合にも目を向けて、それが許容される理由を挙げることになります。

上の例のように、「学級会では、挙手して、指名を受けてからでないと発言してはならない。」というルールを設けたいのであれば、このルールを作った場合の不都合をふまえてそれが許容される理由を考えることになります。

　例えば、

・多数の意見があらわれないことになってしまう不都合がある。しかし、会議の時間はたっぷりあるのだから、不都合は大きくない。

・皆でどんどん意見を出せば刺激によって新しいアイデアが生まれる効果が期待できるのに、いちいち挙手・指名が必要になれば、これができなくなるという不都合があると思われる。しかし、今回の学級会は多数で開催されるものであり、そもそもそのような効果があるのか疑わしい。

などです。

　許容性をきちんと検討することにより、反対の利益・反対の立場の意見をふまえることになるため、バランスを失った主張を防ぐことができます。必要性ばかりを主張することは、あまり説得力がないことが多いです。

　主張をする際には、必要性・許容性の両者を検討し、バランスのよい結論を導くことが法解釈では重要といえます。

【練習問題】

　ある会社では、業務上の資料をオフィス外に持ち出すことを禁止している。このようなルールの必要性として、何があり得るか。また、このようなルールの許容性として、何があり得るか。

　会社の事情により色々あると思います。その一例としては、次のようなものが考えられるでしょう。

PART 1　おやつに含まれる／含まれない　**39**

必要性：資料の紛失等による事故を防止する必要がある。他の従業員が資料を使用できない事態を防ぐ必要がある。

許容性：オフィス外で業務ができなくなるが、オフィス外でできる業務はほとんどなく、実際の影響はほとんどない。オフィス外で業務ができなくなるという不都合が従業員に生じるが、オフィス外で業務をしないことについて、事前に従業員も十分に理解しており、従業員は受け入れられる。

SECTION 10 「おやつ」とは何か、色々な立場から考える

1 立場によって解釈は異なる

　ルールを読み解く手がかりとして、①ルールに定められた言葉本来の意味、②ルールの趣旨・目的、③他のルール、④利益衡量、⑤常識をご紹介してきました。このような手がかりをふまえて、ルールを解釈していくことになります。

　このような手がかりを駆使すれば、「正しい」解釈をすることができるのでしょうか。

　そうではありません。立場や価値観が異なれば、解釈の方法も様々に異なります。ある解釈も別の解釈もそれなりに説得的であることはよくあることです。そのため、法律トラブルの中には、一方が、「このルールは○○という意味だ」と主張し、反対の立場の人が、「○○ではなく、△△という意味だ」と主張し、全く異なる見解に立つことが珍しくありません。社会の耳目を集める事件にもこのように法律などのルールに対する解釈が大きく異なっていることから生じているものが数多くあります。また法律の解説書を見れば、ある法律の解釈を巡って多数の学説が専門家によって示され、さらに、そのような学説とも異なる裁判所の判断が存在することがわかります。

すると、唯一の正解となる**「正しい」解釈は存在しない**といえます。あくまで、自らの立場に従った解釈をすることになります。

　トラブルが生じている場合には、お互いに自らの立場にたった解釈をすると、全く異なる解釈が示される場合があります。バナナが「おやつ」に含まれるかどうかについては、A君とBさんも異なる解釈をしているものと思われます。

　そのうえで、ルールの解釈が発端となってトラブルが生じている場合には、自らが求めるような結果になるように、ルールを解釈して、その解釈が妥当であることを相手方に説得しなければなりません。A君であれば、バナナを持って来たことがルール違反にならないように、「おやつ」を解釈しなければなりませんし、Bさんであれば、A君がバナナを持って来たことがルール違反であるといえるように「おやつ」を解釈しなければなりません。

　つまり、**自分の求める結果を導くように、ルールを解釈しなければなりません。**

　ただし、もちろん、解釈に説得力を持たせなければならないので、自由に解釈してよいわけではありません。これまで紹介してきたような、①言葉そのものの意味、②ルールの趣旨、③他のルール、④利益衡量、⑤常識などといった手がかりから、自分の解釈が説得的であると説明する必要があります。

　説得力を失わない範囲で、自分に都合のよい解釈を展開することになります。

2　A君の考える「おやつ」、Bさんの考える「おやつ」

　今回の問題点は、**ルールの中に書いてある「おやつ」とはいったいどういう意味であるのか**という点です。

> ルール　**遠足に持って来ることができるおやつは、400円分まで。**

PART 1　おやつに含まれる／含まれない　　**41**

A君は自分がバナナを持って来たことがこのルールに違反していない
と考えています。一方で、Bさんは、A君の行為がこのルールに違反する
と考えています。それぞれの言い分を通すためには、自分にとって有利な
ように読み替えをしなければなりません。

　A君としては、バナナが「おやつ」に含まれないようにしなければな
りません。そのため、「おやつ」の意義を狭く読み替えなければなりませ
ん。

　Bさんとしては、バナナが「おやつ」に含まれるようにしなければなり
ません。そのため、「おやつ」の意義を広く読み替えなければなりません。

　このように自分にとって有利な解釈を展開しなければなりません。それ
をより説得的に展開できるように、これまで見てきた手がかりを活用する
ことになります。

　自らの言い分により相手を納得させるか、お互いに納得できないのであ
れば、第三者である先生に判断してもらうことになります。

　これまで見てきた手がかりを使って「おやつ」とは何かを考えてみま
しょう。

3 A君の考え

　A君は、バナナを含めたフルーツは全て「おやつ」に含まれるべきで
はないと思っているため、次のように考えました。

　遠足でおやつが400円分までとされている趣旨は、加工食品である「お
菓子」が遠足のために必要なものではないため、そのようなお菓子を持っ
て来過ぎることがないように、その分量を制限することである。お菓子は、
弁当やフルーツなどと異なり、栄養を摂取・補助するために食べられるも
のではなく、単に楽しみのために持って来るものであるので、特に、その
分量を制限するものである。そのため、「おやつ」とは、加工食品である
「お菓子」を意味する。

このようなA君の見解について、Bさんから反論がありました。

お菓子の中にも栄養を摂取・補助する場合があるし、反対に、フルーツの中にも単に楽しみのために食べられるものがある。そのため、フルーツは全て「おやつ」に含まれない、お菓子は全て「おやつ」に含まれるという解釈の仕方は妥当ではない。

また、あえて「おやつ」と書いているのであるから、それを「お菓子」と解釈する根拠がない。したがって、A君の解釈は妥当ではない。

4 Bさんの考え

Bさんは、次のように考えました。

おやつを無制限に持って来るとすれば、生徒はついついおやつを持って来過ぎてしまうために遠足の荷物が増えてしまうこと、持って来たおやつを生徒が食べ過ぎて体調を崩してしまうことなどから、遠足の遂行に支障を及ぼすおそれがある。このため、ルールのとおり、「おやつ」を400円分までと制限している。つまり、このルールの趣旨は、遠足に不可欠であるとはいえない「おやつ」の分量を制限することにある。

このような趣旨をふまえると、遠足で持って来なければならないとされる「弁当」以外の食べ物は、「おやつ」といえる。そして、弁当は、弁当箱に入っているものであるため、弁当箱に入っていない食べ物は、弁当ではないといえる。以上から、「おやつ」とは、「弁当箱に入っていない食べ物」というように解釈できる。

このようなBさんの見解に対して、A君から反論がありました。

弁当箱に入っているかどうかで判断する解釈は、不自然であり、妥当ではない。なぜならば、弁当と評価するべき食べ物の中には、弁当箱に入っ

PART 1　おやつに含まれる／含まれない　**43**

ていない場合もある。例えば、弁当箱におかずを入れて、おにぎりを別に持って来る場合もおにぎりが弁当箱に入っていないため、おにぎりが「おやつ」になってしまう。しかし、これが不自然であることは明らかである。したがって、Bさんの解釈は妥当ではない。

POINT

・「正しい」解釈は存在しない。
・説得力を失わない範囲で、自分の求める結論を導く解釈（自分にとって都合のよい解釈）をする。

---

column

判断権者について

　ルールは、その立場によって解釈が異なります。しかし、ルールの解釈が異なったままでは、トラブルを解決することができません。そこで、トラブルが生じている場合には、白黒を決定する判断権者が、妥当な解釈を示します。これにより、一方が主張する解釈が妥当な解釈として採用されるかもしれません。または、双方とも採用されずに、別の解釈が判断権者によって示されるかもしれません。いずれにせよ、最終的な解釈が示されることにより、トラブルを解決することができます。

　例えば、A君とBさんの見解が大きく異なる場合には、クラスの先生が最終的な解釈を示すことになります。

　法律に関してトラブルが生じている場合には、最終的には、裁判所が白黒をつけることになります。裁判所が妥当と考える解釈に従うこととなっているために、法律に関して生じたトラブルは解決することができるようになっています。

```
column
```
解釈は人によって違う？

　ルールの解釈の仕方は、立場によって異なりますし、時代に
よっても異なります。この点が、理系の学問とは異なる点です。

　法学者などの法の専門家によって様々な解釈が示されることにな
りますし、時代や社会が変われば、ルールの解釈の仕方も変化させ
なければならない場合があります。

　「それじゃあルールの解釈については、誰も何もわからないでは
ないか」と思われるかもしれません。

　それでは困るので、何が妥当な解釈として支持されるのかを
知っており、または支持される解釈を導くことができるのが弁護士
などの法律の専門家です。

　法律に基づく実務は、過去に裁判所が示した判断を尊重して動く
ことになります。このため、弁護士などの専門家は、一般的にどの
ような解釈が支持されるのかを理解し、それに従ったアドバイスな
どをすることが可能になります。

SECTION
11　「おやつ」とは何か

1　「おやつ」を定義づけてみる

　それでは、これまで見てきたような手がかりを使って、A君の立場、B
さんの立場から「持って来ることができるおやつは、400円分までです。」
というルールの「おやつ」を解釈しましょう。

　まずは、「おやつ」という言葉の意味から考えていきます。
　「おやつ」は、国語辞典では、「間食」という意味です。「間食」という

PART 1　おやつに含まれる／含まれない　　**45**

言葉から、「おやつ」は、食事ではない食べ物であることがわかります。そして、遠足の食事とは「弁当」のことであるので、食事ではない食べ物とは、弁当ではない食べ物といえることになります。

　しかし、このような言い換えでは、今回の問題を解決することは難しそうです。何が弁当ではない食べ物といえるのかが、明らかではないからです。

　そこで、もう少し、ルールの意味を明らかにしていく必要があります。何が「弁当ではない食べ物」といえるのかを解釈していきます。

　ルールを解釈する際の手がかりとして最も重要である、ルールの趣旨を用いて解釈をしてみましょう。

　学校では、ルールの趣旨が、次のように説明されていたとします。

【ルールの趣旨】
　本来、遠足では、弁当以外の食べ物は必要とされない。それにもかかわらず、遠足において、弁当以外の食べ物である「おやつ」を持って来ることが許されるのは、遠足が学校行事としての旅行であるため、その楽しみを増進させることにある。生徒が弁当以外の好きな食べ物を持って来て、友人と食べることによって、遠足をより楽しく過ごし、思い出に残るものとすることができる。

　一方で、おやつは、生徒が好きな食べ物であるため、多くの分量を持って来たいという欲が生じることが想定される。このため、おやつに上限を設定しないと、生徒は、持って来たい分だけおやつを持って来ることになる。これを放置すれば、生徒の荷物の分量が増えて、荷物が大きくなり過ぎる場合がある。

　また、生徒が好きな食べ物を食べ過ぎて体調を崩す場合がある。このような事態が生じれば、遠足の円滑な遂行に支障が生じる。上限額を設ける

のは、そのような事態を防止することが趣旨である。

　「おやつ」という言葉の意義は、このような趣旨をふまえて解釈することになります。

　「おやつは400円分まで」というルールは、上記の趣旨をふまえると、弁当ではない食べ物を持って来ることによって生じる弊害を防止するものであるといえます。

　そのため、おやつとは、「弁当ではない食べ物」ということができます。

2 変な解釈になっていないか

　ルールの解釈は妥当なものでなければなりません。その際に活用する手がかりが利益衡量と常識でした。

　今回のルールの解釈によって、弁当ではない食べ物の上限額が定められることにより、円滑な遠足の遂行という利益と、弁当ではない食べ物の分量が制限されるという不利益を考慮してもそれほどバランスを失しているとは思われません。そのため、利益衡量の観点では特に問題がないといえます。

　また、「弁当ではない食べ物」という解釈が常識に照らして妥当ではないのであれば、そのような解釈は許されません。「弁当ではない」の判断は難しいといえますが、「おやつ」に当たるかどうかは、その食べ物そのものだけを見て判断できるものではなく、種々の事情を考慮する以上、ある程度抽象的になることはやむを得ないといえます。そこで、常識をふまえても、妥当であるといえます。

　以上から、今回の解釈はそれほど変であるとはいえないと思われます。

3 「弁当ではない食べ物」はどのように判断するか

　さて、「おやつ」＝「弁当ではない食べ物」と一応、言い換えができました。しかし、これだけでは何をどのように判断してよいのかがわからな

PART 1　おやつに含まれる／含まれない　**47**

いので、考慮すべき要素をもう少し具体的にしていきましょう。このような考慮要素についても、趣旨から導くとよいでしょう。

【弁当ではない食べ物かどうかについて】

　まず、弁当箱に入っていない食べ物については、遠足の荷物を過大にする危険があるため、「弁当ではない」といえる場合が多くなるといえるでしょう。もちろん、別の容器に入っている場合もありますし、弁当箱には特定のおかずしか入れない場合もあると思われるため、弁当箱に入らないからといって直ちに弁当ではないわけではありません。しかし、どのように持って来た食べ物であるのかという点は、「おやつ」かどうかの一つの考慮要素にはなるでしょう。

　次に、通常の食事とは異なる特別な食べ物であるために、過大な量を持って来る危険が大きいといえます。そのため、一般的に食事として提供されるものであるかどうか、栄養があるかどうかといった、食べ物の性質に着目することもできるでしょう。もちろん、一般的に食事として提供されるものでなかったり、栄養がないものであったりしても、それを弁当として持って来てはならないわけではなく、直ちに「弁当ではない」となるのではありません。しかし、考慮要素にはなります。

　また、食べ物は、他の食べ物との関係によって、その食べ物が持つ意義が変わる場合があります。そのため、食べ物そのものだけを見るのではなく、他の食べ物との関係も考慮しなければなりません。

【弁当ではない食べ物に当たるかどうかの考慮要素】

①食べ物の運搬方法（弁当箱に入っているか、その他の容器に入っている場合にはどのような容器に入っているか）

②食べ物の性質（通常の食事で提供されるものか、栄養があるものか）

③持って来ている他の食べ物との関係（弁当箱内の食べ物の補充的なものか、など他の食べ物との間の位置づけ）

以上から、「おやつ」は次のように解釈できます。

「おやつ」＝弁当ではない食べ物

「おやつ」＝「弁当ではない食べ物」かどうかは、次の①〜③の点に注目して一般的に判断します。

①食べ物の運搬方法

②食べ物の性質

③持って来ている他の食べ物との関係

POINT

・「おやつ」という言葉本来の意味、「おやつは400円分まで」というルールの趣旨、利益衡量、常識をふまえると、「おやつ」とは、「弁当ではない食べ物」を意味するという考え方が成り立ち得る。

・それを判断する際には、①食べ物の運搬方法、②食べ物の性質、③持って来ている他の食べ物との関係を考慮する。

SECTION
12 **A君のバナナはおやつに含まれるか**

それでは、上記の解釈を前提に、A君が持って来たバナナが「おやつ」＝「弁当ではない食べ物」に含まれるかどうか、あてはめてみましょう。

1 A君のバナナはおやつに含まれるか

【事例の確認】

A君が持って来たバナナは、1房であった。実はA君の弁当箱には、カットパイン、カットリンゴ、カットキウイなどのフルーツが入っていた。A君は、バナナ1房をバッグに入れてそのまま持って来た。

PART 1　おやつに含まれる／含まれない　　**49**

Bさんの見解は次のとおりです。

運搬の方法を見ると、バナナ1房は弁当箱に入っていないため、弁当とは明らかに区別されている。

また、確かにバナナは1本程度であれば、通常の食事に提供されるものであるため、弁当に含まれるという理解ができる。しかし、1房もの分量になれば、通常の食事の中で提供される分量を超えているし、栄養の補助等の目的で提供されることも想定できない。性質も弁当として食べる食事と質が異なる。

さらに、A君は、弁当箱の中に、フルーツを持って来ている。フルーツを弁当として持って来ていることからすれば、バナナ1房は栄養の補助目的としても過剰であるといえる。

以上から、A君が持って来たバナナ1房は、弁当の一部とはいえず、「弁当ではない食べ物」であるので、「おやつ」に含まれる。

クラスの先生は、Bさんの意見を聞いて、A君のバナナ1房が「おやつ」に含まれると判断しました。

2 ケースによって結論は異なる

上の事例においてはA君が持って来たバナナが「おやつ」に含まれるかという点については、一応、先生の判断がされました。

しかし、注意する必要があるのは、ルールを解釈した結果として、「全てのバナナは、『おやつ』に含まれる」という結論が出されたわけではない、ということです。

「おやつ」＝「弁当ではない食べ物」であるかどうかが判断された結果として、今回のケースのバナナは、おやつに含まれるという判断がされたに過ぎません。

ルールを適用する際にはよくあることですが、全く同じ事案ということ

はありえないため、**事実関係が異なれば、結論も異なります。**

　同じ「バナナ」であっても、バナナが1本なのか・1房なのか、加工したバナナなのか・加工していないのか、他にどのような食べ物を持って来たのか、など事実関係が変われば、結論は変わります。

　そのため、事実関係が非常に重要になります。どんな事実があって、どんな事実がなかったのかを細かく検討して判断すれば、共通点が多い事案であっても、結論が変わることがあります。

　そこで、先ほどの事例とは異なり、別の事例ではどのようになるのかを見てみましょう。

---

3 事例（バナナ1本）

　次の事例ではどうでしょうか。前の事例とは事実関係が異なっています。

【事例】

　A君は、お菓子400円分とバナナ1本（100円）を持って来た。バナナは、加工されず、そのままバッグに入っていた。A君の弁当は、ご飯とおかずだけが入っており、フルーツが入っていない。A君は、フルーツケースのフルーツなども持って来ていない。

　A君の見解は次のとおりです。

　僕が持って来たバナナは、「おやつ」に含まれない。僕が持って来たバナナの性質を見てみると、1本のバナナは、僕たちの普段の給食でも出ることがある。また、朝食でバナナを食べるという人はクラスに30%いた。このため、バナナは、食事の一環と捉えられているといえる。

　また、僕が持って来たバナナの運搬の方法を見てみると、確かに弁当箱には入っていない。しかし、持って来たバナナは、1本だけであり、弁当との比率を考えても、大きすぎることはない。あくまで、弁当の添え物に過ぎない。

PART 1　おやつに含まれる／含まれない　　**51**

さらに、他の食べ物との関係を見てみると、僕の弁当には、フルーツが入っていないし、フルーツケースに入れてフルーツを持って来ていることもない。その代わりにバナナ1本を持って来ているのであって、弁当に入っていても不自然ではないフルーツと同じ役割を持っているに過ぎない。

とすれば、僕が持って来たバナナは、弁当の一部といえ、「弁当ではない食べ物」ではないため、「おやつ」には含まれない。

クラスの先生は、A君の言い分を聞き、A君が持って来たバナナ1本は「おやつ」に含まれないと判断しました。

4 事例（バナナチップス）

次の事例ではどうでしょうか。こちらも事実関係が変わっています。

事例

A君は、お菓子400円分とバナナ（100円）を持って来た。

A君が持って来たバナナは、A君がバナナを焼いて作ったバナナチップス（バナナ1本分）であった。バナナチップスは、弁当箱とは別の袋に入っていた。その袋の中には、バナナチップスのほか、市販のクッキーが入っていた。A君の弁当は、一般的なご飯とおかずが入っている弁当であり、弁当箱にはフルーツは入っていない。

Bさんは、次のように主張しました。

運搬の方法を見ると、弁当箱に入っておらず、全く別の袋に入っており、弁当の一般的な運搬方法とはいえない。また、A君のバナナチップスは、「おやつ」に含まれることに疑いがない市販のクッキーと一緒に運搬されていた。このような運搬の方法を見ると、弁当とは異質であるといえる。

食べ物の性質を見てみると、バナナチップスは、バナナを調理したものであり、バナナそのものとは形状や、食感が大きく異なるものになってい

52

る。これは、一般的に弁当に添えられる果物とは異なる食べ物といえる。また、食事にバナナチップスが提供されるという例も一般的ではない。

　以上から、A君が持って来たバナナチップスは、「弁当ではない食べ物」であり、「おやつ」といえる。

　クラスの先生は、Bさんの意見を聞いて、A君の持って来たバナナチップスを「おやつ」に含まれると判断しました。

5 事例（バナナ1房）

　はじめのケースでは、A君が持って来たバナナ1房が「おやつ」と判断されましたが、次のケースではどうでしょうか。

事例

　A君が持って来たバナナは、1房（200円）であった。A君は、このほかにお菓子などを全く持って来ていない。

　A君は、バナナ1房をバッグに入れてそのまま持って来た。また、小さい弁当箱の中にレタス・ブロッコリー・きゅうりのサラダを入れていた。

　Bさんの見解は次のとおりです。

　前の事例で確認したとおり、バナナ1房は、「おやつ」に当たると判断された。そのため、今回もA君がバナナ1房を持って来ており、同じように「おやつ」に当たる。

　一方、A君の見解は次のとおりです。

　前の事例とは異なり、今回のバナナ1房は、「おやつ」に含まれない。

　まず、確かに運搬の方法を見れば、バナナ1房をそのままバッグに入れて持って来ており、前の事例と同じである。

PART 1　おやつに含まれる／含まれない　　**53**

しかし、食べ物の性質を見ると、前の事例とは全く異なる。今回、僕が
バナナ1房を持って来たのは、弁当を準備する時間がなかったため、一般
的なご飯やおかずを持って来ることができなかったからだ。やむを得ず、
準備に時間がかからないバナナを弁当として持って来たものである。この
ようなときに栄養の摂取としてバナナを食べることは、朝食などでバナナ
を食べたりするように常識的だ。

　また、他の食べ物との関係を見てみると、僕は、バナナ1房のほかには
サラダしか持って来ていない。僕が持って来たサラダでは糖質が確保でき
ないと思い、糖質の摂取がしやすい食品としてバナナを持って来たのであ
る。そのため、僕が持って来たバナナは、僕の弁当であるサラダと栄養を
補完し合う関係にある。

　以上から、僕が持って来たバナナ1房は、「弁当」なのであって、「弁当
ではない食品」とは到底いえない。今回のバナナ1房は、「おやつ」には
含まれない。

　両者の見解を聞いて、クラスの先生は、バナナ1房が「おやつ」に含ま
れないと判断しました。

　はじめのケースと同じように、バナナ1房というケースであるため、こ
ちらも「おやつ」に含まれるという結果になるようにも思われます。しか
し、事実関係の一部が共通していても、同じ結果になるとは限りません。

POINT

・同じ事案と思われるものであっても、事実関係が変われば、結論
　が異なる場合がある。
・そのため、自らに有利である事実、不利である事実を検討して、
　説得することが必要になる。

```
column
```
裁判での主張立証

　共通する事実があってもその他の事実関係が異なると結論が異なる場合があります。そのため、判断権者に対して、どのような事実があって、どのような事実がないのかを適切に伝えることが重要です。

　裁判の際に、重要になるのもこのポイントです。弁護士は、どのような事実を主張として裁判官に伝えるべきか、どのように伝えるべきかを、依頼者からの相談を聞くときも、裁判所への提出書面を作成するときも、常に考えています。

SECTION
13 まとめ

　PART 1 で見てきたことのまとめをしましょう。

　ルールを使う際には、利害関係の対立が生じることが多くあります。あるルールが適用されることにより利益を得る人、不利益を受ける人がいるので、ルールが適用されるかどうかについては、争いになることが多いのです。

　PART 1 では、A 君と B さんが、A 君が「持って来ることができるおやつは、400 円分まで」というルールに違反になるのかどうかについて、争っていました。このような争いが生じた場合には、ルールの何が問題になっているのかを確認することが重要です。その際には、ルールの言葉に、今回のケースが「含まれる」といえるのかどうかを確認することになります。今回のケースでは、A 君が持って来たバナナが「おやつ」に含まれるかどうかが問題であることが確認されました。

　このような整理をふまえると、「おやつ」とは一体何なのかを明らかに

PART 1　おやつに含まれる／含まれない　　**55**

していく必要があることがわかります。

そのための手がかりが複数ありました。最も重要な二つが、「言葉の本来の意味」と「ルールの趣旨・目的」でした。また、「他のルール」の規定の内容も、解釈する際の有力な手がかりとなります。さらに、妥当な結論を導くためには「利益衡量」「常識」などの手がかりをふまえて、不当な解釈を排除することが大切といえます。このような手がかりを用いて、ルールを解釈していくことになります。

「おやつ400円」ルールの趣旨は、いろいろと考えられるところでしたので、そのような趣旨に基づいて解釈することになります。

ルールの解釈は、立場によって異なることがあります。そのため、様々な解釈があらわれることは、不自然ではありません。その中で最も説得的な解釈が判断権者によって採用されることになります。そのため、正しい解釈が存在するわけではないので、説得力を失わない範囲で、自らの都合に立った解釈を展開することがあります。

A君であれば、「おやつ」を狭く解釈すれば、ルール違反にならなくなりますし、Bさんであれば、「おやつ」を広く解釈すれば、A君がルール違反であるということができるようになります。

このようにそれぞれの立場に従った主張がされると、判断権者は、自らの判断をすることになります。

判断権者は事案ごとの判断をするため、既にされた判断と共通点がある事案が後で起こった場合であっても、前の事案と同じ判断をするとは限りません。事実関係が異なれば、結論が異なる場合があるからです。A君がバナナ1房を持って来た事案でルール違反と判断された後に、別の事案でバナナ1房を持って来たとしても、ルール違反にはなりませんでした。

以上がPART 1の内容でした。ルールの解釈がどのようなものか、何となくでもわかっていただけたでしょうか。

PART 2

ルールを
分析する

SECTION 01 イントロダクション

PART 1では、ある出来事が、ルールに定められる言葉に含まれるのかどうかの考え方について見てきました。

PART 2では、さらにルールを分析してみます。PART 1、2によって、ルールを使って、問題を解決したり、相手を説得したりできるようになります。

SECTION 02 ルールは説得するための道具

ルールは、人に自分の言い分を説得するための道具です。ルールを使えば、私には○○という権利があるから、あなたにはこれをしてもらいたい、あなたには○○という義務があるから、あなたはこれをしなければならない、などと説得することができます。

次の例を見てください。

事例

A君、Bさん、Cさんの間でおやつの取り合いが生じている。

ルール じゃんけんで勝ち残った者がおやつを全取りできる。

A君、Bさん、Cさんの間でおやつの取り合いが生じている場合、これを解決するために「じゃんけんで勝ち残った者がおやつを全取りできる」というルールを設定し、ルールに従って解決することが考えられます。

このルールに従えば、誰がおやつを全取りできるのかが明確になり、取り合いを解決することができます。

A君、Bさん、Cさんは、じゃんけんに勝ち残れば、「僕（私）は、ルールに従って、おやつを全取りできる」「おやつを僕（私）に差し出せ」

と主張し、他の人を説得し、動かすことができます。

　このように、ルールは、**人に何かを説得して、動かすための道具である**といえます。

POINT

・ルールは、人に何かを説得して動かすための道具である。

---

column

なぜ人はルールに従うか

　なぜ人はルールに従うのでしょうか。いくつか理由はあると思いますが、次の①、②のような説明がわかりやすいと思います。
①ルールに違反した場合に不利益を受けるから
②自ら従うことを決めたルールだから
　まず、**①ルールに違反した場合に不利益を受けるから**、という理由については明快です。人の持っている物が欲しいと思ってこっそりもらってしまえば、刑法235条「他人の財物を窃取した者は、窃盗の罪とし、10年以下の懲役又は50万円以下の罰金に処する。」によって刑罰を受ける可能性があります。
　また、借りたお金を返さなければ、信用が失われますし、提訴されて、最終的には強制執行手続きによって強制的に回収されてしまうかもしれません。学校のルールに従わなければ、叱られるかもしれませんし、退学などの処分を受けるかもしれません。
　このように、ルールに違反した場合に不利益があるので、そのような不利益を受けないようにルールに従っている、というのは一つの説明としてありえます。
　しかし、破ってもバレないルールなどもありますが、そのような

PART 2　ルールを分析する

ルールであっても、守るというケースは多いと思います。そのため、なぜルールを守るのかという問いに対する答えは、不利益を受けるおそれがあるからだけでは説明できません。

そのため、別の説明が必要です。どのようなルールなら守ろうと思うだろうかと考えてみると、自分で決めたルールや、自分が従うと決めたルールは、誰かが勝手に決めたルールや、不本意に従わざるを得ないルールよりも守られるのではないでしょうか。すると、なぜルールを守るのかという問いについては、②**自分で従うことを決めたルールだから**という回答があり得ます。

経験上、従うことになったプロセスに自分が関与している度合いが高ければ高いほど、そのルールに従う可能性は高く、より積極的にそのルールを遵守しようとします。

これをふまえると、契約書などのルールを作成する際には、適切に相互に関与する機会を作ることができれば、より遵守されやすくなると思われます。世の中には、契約しているけれど、契約の内容は知らないし、見たこともないなどということは少なくありません（電車や飛行機に乗るときや、荷物の運送を依頼するとき、インターネット上のサービスを利用するときなどに規約を読まない人が多数であると思います）。

このようなケースに、どのようにスピーディに、かつ、一定の関与を得て契約をするのかという点については、契約書の在り方や、その作成プロセスの在り方に注目して、新たなスタイルを創造していくことが求められていくのではないでしょうか。このような新しい契約の在り方にも興味が尽きません。

SECTION 03 ルールを分析する（要件・効果）

　ルールを分析してみましょう。多くのルールは、**要件と効果という二つに分析する**ことができます。

■要件と効果

　簡単に言えば、**効果**とは、「**ルールを適用した結果として起こること**」をいいます。例えば、「廊下を走った生徒は、罰として放課後に掃除をしなければならない」というルールが適用されれば、「罰として放課後に掃除をしなければならない」という結果が起こります。これが効果といえます。このように、ルールには、「何が起こるのか」という効果が定められているので、ルールを使うことによって、人に何かを説得することができます。

　一方で、**要件**とは、「**効果が生じるための条件**」のことをいいます。要件を見ることで、どのような条件が満たされれば、効果が生じるのかを理解することができます。「廊下を走った生徒は、罰として放課後に掃除をしなければならない」というルールがあれば、「生徒」が「廊下を走った」場合に、効果が生まれることになります。そのため、「生徒であること」や、「廊下を走ったこと」が要件であるといえます。

■ルール：廊下を走った生徒は、放課後に掃除をしなければならない

要件① （廊下を走ったこと） → A君は廊下を走った　｜　効果

要件② （生徒であること） → A君は生徒である　｜　A君は掃除を
しなければならない

POINT

・ルールは、要件と効果に分析できる。
・効果とは、「ルールを適用した結果として起こること」をいう。
・要件とは、「効果が生じるための条件」のことをいう。

SECTION
04 ルールの効果

1 ルールの効果とは

ルールの効果について見ていきます。

事例

　遠足において、A君は、ゲーム機を持って来た。ゲーム機を遠足に持って来ることは禁止されている。次のようなルールがある場合、X先生は、A君に何を主張できるか。

> **ルール** 先生は、遠足に持って来てはいけないものを生徒が持って来た場合には、それを没収することができる。

　このルールを使うと、その結果として何が起こるでしょうか。このルールには、「遠足に持って来てはいけないものを没収することができる」と定められています。つまり、このルールが利用されることによって、先生が遠足に持って来てはいけないものを没収することが可能になります。

62

「先生が生徒の持ち物を没収することができるようになること」が、この
ルールの効果といえます。**ルールの効果がわかれば、どのようなケースで
そのルールを使うべきであるのかがわかる**ため、ルールの効果を把握して
おくことは大切であるといえます。

　ルールの効果には、権利・義務を生み出したり、権利・義務を変更した
り、当事者の関係を決定したりなど、様々なものがあります。

　このルールはどのような効果を持っているのだろうかという点に意識す
れば、そのルールの使いどころがわかります。

　別の例も見ましょう。

事例

　A君は、遅刻をした。

> ルール **遅刻をした生徒は、罰として、放課後に、教室を掃除しなければ
> ならない。**

　このようなルールがある場合に、A君に、教室ではなくトイレの掃除
をすることを求めることができるでしょうか。また、A君に、放課後で
はなく昼休みに掃除をするように求めることはできるでしょうか。

　ルールの効果は、「放課後に、教室を掃除しなければならない」という
ものです。そこには、「教室」とありますし、「放課後」とあります。その
ため、A君に対して、「トイレ」の掃除や、「昼休み中」の掃除を求める
ことはできません。

　**効果として定められていること以外のことについては、そのルールを
使っても何も起こりません。**そのため、そのルールの効果が何かという
のはルールを読むうえで非常に重要といえます。

　簡単な例なので当たり前と思われるかもしれませんが、効果に書いてあ
ることを求めることができるというのは重要なポイントです。

PART 2　ルールを分析する　　**63**

POINT

- 効果とは、「ルールを使った結果として起こること」をいう。
- ルールを使うと、効果に定められていることが起こり、定められていないことが起こることはない。
- ルールの効果が何かを意識してルールを読むことが重要である。

2 ルールの効果①（新たな権利の発生）

ルールの効果として重要なものを見ていきます。

> ルール　先生は、遠足に持って来てはいけないものを生徒が持って来た場合には、それを没収することができる。

　このルールの効果は、「先生が生徒の持ち物を没収することができる」というものです。このルールを使えば、この効果が生じますので、先生は、持ち物の没収をすることができるようになります。多くのルールは、誰かが誰かに何かを要求できるようにするために定められます。そのため、ルールには、「……することができる」「……する権利を有する」「……する」など様々な表現により、**誰かが「求めることができること」が定められます。**これを**権利**[1]といいます。また、「Aは、Bに対し、……をすることができる」などと、その相手が定められる場合があります。この場合、Bの立場から見れば、Bは、「……しなければならない」といえますので、Aの権利はBの義務といえます。このように権利と義務は、表裏一体であるということができます。

---

[1] 一般に、法的保護を受けることができる（裁判でも通用する）ものに限って「権利」といいます。しかし、本書では、法令を含めたルールの読み方を説明するものであるため、本書で説明する各種のルールが法的保護を受けることができるかどうかにかかわらず、権利と呼びます。

●参考事例 1

事例

次のルールの効果は何でしょうか。

> **ルール** ①**ある遠足のルール：先生は、400 円分以上のおやつを持って来た生徒に対し、そのおやつの全てを没収できる。**

> **ルール** ②**夫婦の約束：夫は、毎月末に、妻から小遣いとして 3 万円の支給を受けることができる。**

①の効果は、先生に「おやつの全てを没収する」権利が生じることです。反対に言えば、生徒には「おやつの全てを没収される」という義務が生じます。

②の効果は、夫に「3 万円の支給を受ける」権利が生じることです。反対に言えば、妻に「3 万円の支給をする」という義務が生じることです。

POINT

・ルールの効果として、権利を発生させるルールがある。

---

3 ルールの効果②（義務の発生）

> **ルール** じゃんけんで負けたものは、勝ったものに対し、おやつを譲らなければならない。

このルールの効果は、じゃんけんで負けたものが「おやつを譲る」というものです。反対にいえば、じゃんけんで勝ったものがおやつを譲り受けることができるともいえます。

PART 2　ルールを分析する　　**65**

多くのルールの中には、「Aは、……しなければならない」「Aは、……してはならない」など、Aが「**守らなければならないこと**」も定められます。これは、**義務**を定めています。

　このようなAの義務の中には、「Aは、Bに……をしなければならない」など「Bに」といった相手方が定められる場合があります。この場合、Bの側から見れば、BのAに対する権利を定めているということになります。先ほどと同じように、権利と義務は表裏一体である場合があるからです。

　以上のように、ルールを使うことにより、権利や義務を生み出すといえます。言い換えれば、このようなルールを使うことによって、人は、誰かに何かを求めることができるようになります。

POINT

・ルールの効果として、義務を発生させるルールがある。

●参考事例2

事例

　次のルールの効果は何でしょうか。

> ルール
> ①ある学校の校則
> 生徒は午前8時40分までに登校しなければならない。

> ルール
> ②ある恋人間のルール
> デートに遅刻をした者は、遅刻をしていない者に対し、その日のデートのご飯をごちそうしなければならない。

　①は、「午前8時40分までに登校しなければならない。」という義務が生じることです。

　②は、「その日のデートのご飯をごちそうしなければならない。」と

66

いう義務が生じることです。

4 ルールの効果③（権利が消えたり・変わったり）

権利・義務が生まれるという効果を持つルールについて見てきました。
しかし、ルールには、権利や義務を生むものだけではありません。

次の例を見てみましょう。

事例

A君、Bさん、Cさんの間でおやつの取り合いが生じている。じゃんけんをしたところ、A君がBさん、Cさんに勝った。その後、X君があらわれた。知らないうちにじゃんけんをされたX君は、A君らに何を主張できるか。

> ①じゃんけんで勝ち残った者がおやつを全取りできる。
> ②じゃんけんの後にじゃんけんに加わっていない者がいることが判明した場合、既に行われたじゃんけんは無効とする。

X君は、A君におやつを全取りされたくありません。しかし、ルール①によって、A君がおやつを全取りすることが決まっています。

そこで、X君は、ルール②を用います。ルール②では、「既に行われたじゃんけんは無効」とあるため、ルール①で生じたA君の権利を失わせることができます。

このルール②は、権利・義務を生み出す役割を持つのではなく、既に生じた権利・義務を失わせる役割を持つルールです。

このように、ルールは、権利・義務を発生させるものだけではありません。ルールの中には、**権利・義務を消滅させるもの**や、**権利・義務の内容を変更するもの**なども定められることになります。

PART 2 ルールを分析する **67**

POINT

・ルールの効果として、既に生じた権利・義務を消滅させるもの
や、既に生じた権利・義務の内容を変更するものもある。

5 ルールの効果④（地位・関係の発生・変更・消滅）

ルールには、当事者間の関係や地位を成立させるものや、消滅させるも
のもあります。

> ル
> ー
> ル
>
> 1．次の条件が満たされた場合、グループが成立します。
> 　①5人が集まること
> 　②集まった5人でグループの名前を決めること
> 　③集まった5人でグループの目標を決めること
> 2．次の場合、グループは解散します。
> 　①グループのメンバーの1人が脱退した場合
> 　②グループの目標を達成できないと先生が判断した場合
> 　③メンバーの過半数が合意した場合

上のルール1.の効果は、「グループが成立すること」です。ルール2.の
効果は、「グループが解散すること」です。

> ル
> ー
> ル
>
> 1．グループのメンバーの立候補者は、次に従ってリーダーになる。
> 　①立候補者が1人の場合：立候補したメンバー
> 　②立候補者が2人以上の場合：メンバー間で話し合って決定さ
> 　　れたメンバー1人
> 2．次の場合、リーダーは、退任する。
> 　①グループのメンバーの過半数がリーダーの解任を求めたとき
> 　②グループのリーダーがルールの規則に違反した場合

ルール1.の効果は、「グループのメンバーがリーダーになること」で
す。ルール2.の効果は、「グループのリーダーがリーダーを退任するこ

68

と」です。

> **POINT**
>
> ・ルールの中には、当事者間の地位や関係を定めるものや、変更するもの、消滅するものもある。

6 ルールの効果⑤（効果がないルール）

これまで多くのルールには効果があることについて見てきました。しかし、ルールの中には、**効果がないもの**もあります。

> ルール
>
> ①このルールは、円滑な遠足を行うために、遠足の持ち物について定めています。
> ②このルールでは、「おやつ」とは、弁当箱に入らない食べ物をいいます。

①のルールは何か効果があるでしょうか。①を使っても、何かが起こるわけではありません。①は、ルール全体が何のために定められたのかを定めたもの、つまり、ルールの目的を定めたものといえます。①には、効果はありませんが、他のルールの意味や内容を解釈するときの手がかりになる場合があります。

また、②はどうでしょうか。②も①と同じように、このルールを使っても、何かが起こるわけではありません。②も、効果がないといえます。何が「おやつ」といえるのか、つまり、「おやつ」の定義を定めています。このように定義を定めておけば、③を使う場合に、「おやつ」とは何をいうのかがわかりやすくなります。これらのように、効果がないルールもあります。

PART 2 ルールを分析する **69**

POINT

・効果がないルールもある（ルールの解釈方法を示すルールなど）。

column

法令用語

　法令用語の中には独特の用いられ方をするもののほか、一般用語では意識しないような区別がされることがあります。契約書などを作成する際には、このような点にも留意しないと思わぬ結果が生じてしまうこともありえます。

・みなす／推定する

　同じように思われるかもしれませんが、違う意味です。「みなす」とは本来的には違うものであっても、法令上は、同じものとすることをいいます。例えば、「〇日以内に返答がない場合には、承諾したとみなす」とあれば、返答がなかった場合でも承諾した旨の返答があったこととなります。

　一方で、「推定する」とは、法令上は、一応そういうものとして取り扱うこととし、仮に、そうではないことが証明された場合には、取扱いを覆すことをいいます。例えば、「秘密を洩らした場合の損害額は100万円と推定する」とあれば、一応、損害額を100万円として取り扱い、損害額が100万円ではないことが明らかになった場合には、その実際の額になります。

・準用する

　法令は繰り返しの表現をすることを嫌うため、省略する表現がとられます。その一つが「準用する」です。他の似た規定と同じような規定にしたい場合に、その同じような定めと同じ表現を繰り返す

のは煩雑であるため、その同じような規定を借りてくることを意味します。

　例えば、「遠足の際には、班長が各班員の遠足レポートを回集して、先生に提出する」というルールが既にあり、これを社会科見学にも適用したいと思う場合に、「このルールは、社会科見学の場合にも準用する」といえば同じことを繰り返す必要がなくなります。

・及び／並びに

　「及び」と「並びに」は、日常的にはあまり区別して使わないかもしれませんが、法令や契約書上では、区別されます。

　まず、A and B を「A 及び B」といいます。これが三つ以上になる場合には、「A、B、C 及び D」と最後のまとまりにつけることとされます。

　「並びに」は、「及び」よりも大きい段階のまとまりがある場合に使われます。

　例えば、生徒である A 君、B さん、C さんと、先生である X 先生、Y 先生、Z 先生がいるとして、生徒と先生をそれぞれ一つのまとまりとすると、次のようになります。

例：A君、Bさん及びCさん並びにX先生、Y先生及びZ先生

　このように、「並びに」がある場合には、必ず「及び」がどこかにあることになります。これをふまえると、「及び」と「並びに」を分析することによって、そのルールを作った人がそれぞれをどのようなまとまりで見ているのかを理解することができます。

　また、「並びに」でまとめたまとまりよりも、さらに大きい段階がある場合には、それらには「並びに」を使うことになります。

*例：A君、Bさん及びCさん並びにX先生、Y先生及びZ先生並び
　　にP先生*

PART 2　ルールを分析する　　**71**

小まとまり①：Ａ君、Ｂさん及びＣさん

小まとまり②：Ｘ先生、Ｙ先生及びＺ先生

中まとまり：小まとまり①＋小まとまり②

大まとまり：中まとまり＋Ｐ先生

　このようなまとまりにしていることがわかります。そして、Ｐ先生は小まとまり②に入っておらず、小まとまり②と並列の「並びに」が使われているので、ちょっと特別な先生であることがわかります。

・又は／若しくは

　「又は」と「若しくは」についても、日常的にはあまり区別して使わないかもしれませんが、法令や契約書上では、区別されます。まず、Ａ or Ｂを「Ａ又はＢ」といいます。これが三つ以上になる場合には、「Ａ、Ｂ、Ｃ又はＤ」と最後のまとまりにつけることとされます。

　ここまでは及び／並びに、と似ています。しかし、「若しくは」は、「又は」よりも小さい段階のまとまりがある場合に使われます。「並びに」が、「及び」よりも大きい段階のまとまりがある場合に使われたことと逆です。

　例えば、生徒であるＡ君、Ｂさん、Ｃさんと、先生であるＸ先生、Ｙ先生、Ｚ先生がいるとして、生徒と先生をそれぞれ一つのまとまりとすると、次のようになります。

例：Ａ君、Ｂさん若しくはＣさん又はＸ先生、Ｙ先生若しくはＺ先生

　このように、「若しくは」がある場合には、必ず「又は」がどこかにあることになります。また、「若しくは」でまとめたまとまりよりも、さらに小さい段階がある場合には、それらには「若しく

は」を使うことになります。

例：A君若しくはD君又はX先生又はBさん若しくはCさん又はY
　　先生

これを読み解くと、以下のまとまりがあることがわかります。

小まとまり①：A君若しくはD君

小まとまり②：Bさん若しくはCさん

中まとまり①：小まとまり①＋X先生

中まとまり②：小まとまり②＋Y先生

大まとまり：中まとまり①＋中まとまり②

それぞれのまとまりに先生・生徒が混在し、どのような意図でされているのかは、ここからは不明ですが、小まとまりがそれぞれ「君」の生徒と「さん」の生徒で分類されていることを見ると、もしかしたら性別でわかれているのかもしれません。すると、X先生は男性で、Y先生は女性かもしれないなどと考えることができます。

・とき／場合／時

　これらも使い分けがされます。「とき」と「場合」はいずれも同じ意味と考えて問題ありません。ただし、「場合」の中に含まれる条件がある場合には、「場合」が重なるのは変なので「とき」を使います。

例：班長は、班員が集合時間に集合しない<u>場合</u>において、その班員
　　に連絡しても連絡がとれない<u>とき</u>には、先生に連絡する。

　「時」は「とき」「場合」とは意味が異なります。時点を意味し、時間が問題になる場合に「時」を使います。

・するものとする

PART 2　ルールを分析する　　**73**

契約書などでよくみられる表現です。義務を定める表現です。ただし、「しなければならない」「……する」などの断定的に表現される規定に比べると、義務としてはやや弱いニュアンスを持ちます。
例：班員は、それぞれの秘密を守るものとする。

SECTION 05 ルールの要件

1 要件とは

前述のように、ルールは、要件と効果に分析することができます。このSECTIONでは要件について見ていきます。

「**要件**」とは、**効果を生じさせるために満たす必要がある条件**をいいます。ルールは、定められる要件が満たされた場合に、効果が生じるという構造になっています。「要件①、要件②、要件③を満たすならば、効果が発生する」ということになります。

効果を発生させるためには、要件を全て満たす必要があります。

■要件と効果

ルールの定めを確認して、どのような要件があるのかをきちんと確認する必要があります。

【事例】
A君、Bさんなど1組のクラスメートは、席替えをしたいと希望した。しかし、先生は、それを認めようとしない。A君は、何を主張できるか。

> **ルール** 1組の生徒は、1組の生徒の過半数が席替えを希望し、かつ、30日前までの間に席替えをしていない場合には、先生に席替えを行うことを求めることができる。

　まず、このルールの効果は、何でしょうか。「先生に席替えを行うことを求めることができる」とありますので、生徒が席替えを求める権利を得ることといえます。反対に、先生が席替えを行う義務が生まれることになります。

　そのため、A君らは、このルールを使えば、先生に席替えをさせることができるといえます。

　では、この効果が生じるためには、どのような条件をクリアしなければならないでしょうか。ルールをよく読むと、次の条件があることがわかります。

①1組の生徒であること

②1組の生徒の過半数が席替えを希望していること

③30日前までの間に席替えをしていないこと

　このような条件を全て満たした場合にはじめて、生徒は席替えを求める権利を得るという効果が生じることになります。このように、**効果を生じるために必要な条件のことを要件といいます。**

> **ルール** 先生は、生徒が余分なおやつを持って来た場合、又は生徒が指定された時以外におやつを食べた場合、その生徒のおやつを没収できる。

　このルールはどうでしょうか。効果は、「先生が生徒のおやつを没収できる」ことです。つまり、先生が生徒のおやつを没収する権利が生まれることといえます。

PART 2　ルールを分析する　　75

要件は、①先生であること、②生徒が余分なおやつを持って来たこと、または②′生徒が指定された時以外におやつを食べたことです。

　一つでも条件を満たさない場合、効果が発生しません。あるルールを使うことができるのかどうかを検討する場合には、要件が何であるのかを常に確認することが重要です。

POINT

・要件とは、効果を発生させるための条件をいう。
・要件が全て満たされないと効果が発生しない。
・ルールを使う場合には、何が要件であるかを確認することが必須である。

---

2 要件に事実をあてはめる

　前述のように、要件とは、ルールの効果を発生させるために満たすべき条件をいいます。要件を一つでも満たさないのであれば、ルールの効果が生じないため、あるルールの適用を求める場合（ルールを使う場合）には、**その要件を全て満たすことをきちんと確認して説明しなければなりません。**

　反対に、ルールの適用を否定する場合（ルールの効果が生じないと言いたい場合）には、その要件が満たす事実がないことを確認して説明しなければなりません。

ルール：登校時間に遅れた者は、放課後に掃除をする。
要件：登校時間に遅れること　→　効果：放課後に掃除をする

　このルールに基づいてA君に掃除をさせたい場合、要件「登校時間に遅れること」に該当する事実があることを説明する必要があります。

　つまり、「A君が登校時間に遅れた」といえる事実を示して要件を満た

すことを説明する必要があります。

　例えば、「登校時間が午前8時40分のところ、A君は、8時50分に教室に到着しており、登校時間に10分遅れている。そのため、『登校時間に遅れること』という要件を満たす」などのように説明します。

　このように要件に該当する事実を示して、その要件を満たすことを説明することを、**あてはめ**といいます。

　要件を全て満たすのであれば効果が生じ、反対に一つでも満たさないのであれば効果は生じません。そのため、要件が複数ある場合には、ルールの要件に該当する事実を全て示すことが必要になります。

　また、単に事実を示すだけでは、要件が満たされるのかどうかの判断が難しい場合があるので、ある事実がなぜ要件を満たすといえるのか、理由を説明する必要がある場合が多くあります。

ルール：おやつを持って来た者は、以後の遠足に参加できない。
要件：おやつを持って来たこと　→　効果：以後の遠足に参加できない。

　A君が「おやつ」を持って来たこととして次のような事実が挙げられました。
　・A君は、バナナを持って来た。
　・A君が持って来たのは、バナナ○本である。
　・A君は、バナナを弁当箱に入れていない。
　・A君の弁当の中身は、○○であった。
　・A君は、毎日、自宅でバナナを午後の間食として食べている。

　このような事実が挙げられても、A君が「おやつ」を持って来たのかどうかはよくわかりません。そのため、「おやつ」を持って来たというのであれば、上のような事実から「おやつ」を持って来たといえる理由を説

明する必要があります[2]。

　つまり、要件に事実をあてはめる際には、

・どのような事実があるのか（事実の適示）

・その事実を前提とすると、なぜ要件を満たすといえるのか（要件を満た
　す理由）

を説明する必要があります。

　要件が満たされないのであれば、効果が生じないので、この二つを丁寧
に検討することが重要です。

　反対に、要件が満たされず、効果が生じないと考えるのであれば、同じ
く事実を示して、要件が満たされない理由を説明します。

　つまり、

・どのような事実があるのか（事実の適示）

・その事実を前提とすると、なぜ要件を満たさないといえるのか（要件を
　満たさない理由）

を説明することになります。

　いくつかの例を見てみます。

事例

　A君の班（全4名）は、午前8時30分にZ駅改札前に集合する約束と
なっていた。遅刻を防ぐために、次のルールを作った。

> **ルール**　午前 8 時 30 分に Z 駅改札前に集合できなかった班員は、他の班員
> にジュースをおごらなければならない。

　A君は、寝坊してしまい、午前8時38分にZ駅改札前に到着した。

　このルールを分析すると以下のとおりです。

---

[2] このような理由を示すことを、**事実の評価**といいます。

＜効果＞

他の班員にジュースをおごらなければならない

＜要件＞

・午前8時30分にZ駅改札前に集合できないこと

　Bさんは、A君がジュースをおごらなければならないと主張します。そこで、Bさんは、A君が「午前8時30分にZ駅改札前に集合できなかった」という要件を満たすことを説明することになります。

＜要件の確認＞

A君は、「午前8時30分にZ駅改札前に集合できなかった」といえるか。

↓

＜事実の適示＞

A君は、午前8時38分にZ駅改札前に到着したため、午前8時30分時点でZ駅改札前にいなかった。

↓

＜結論＞

以上から、「午前8時30分にZ駅改札前に集合できなかった」といえる。

　この例は、要件の内容が明確であるため、事実を見れば要件を満たすかどうかがすぐにわかるため、あてはめが簡単でした。

　次の例はどうでしょうか。

事例

　A君のクラスでは、「遠足におやつを持って来てはならない」というルールがあった。A君は、弁当箱の弁当の他に、バナナ1本（100円）を持って来た。

　この事案において、A君が持って来たバナナ1本は、「おやつ」といえ

PART 2　ルールを分析する　　**79**

るかがよくわかりません。そのため、あてはめをしようとしても、何をどのように考えたらよいのかがわからないといえます。この場合には、「おやつ」という言葉について解釈して、あてはめができるような明確な言葉に言い換えることを行います。

　A君のクラスでは、「おやつ」とは、「弁当箱に入らない食べ物」であると解釈されることになりました。

　これで今回の事案においてもあてはめができるはずです。あてはめをしてみましょう。

＜要件の確認＞
A君が持って来たバナナが「おやつ」といえるか。
↓
＜要件の解釈＞
「おやつ」とは、「弁当箱に入らない食べ物」と解釈されている。
↓
＜事実の適示＋要件を満たす理由＞
A君が持って来たバナナは、弁当箱に入っていない。
そのため、A君が持って来たバナナは「弁当箱に入らない食べ物」といえる。
↓
＜結論＞
以上から、A君が持って来たバナナは、「おやつ」であるといえる。

　この例では、「おやつ」という言葉が「弁当箱に入らない食べ物」と解釈されたので、弁当箱に入るのかどうかという、ある程度明確な基準で分けることができました。そのため、あてはめ自体は簡単だったと思います。

　それでは、次の例はどうでしょうか。

事例

　A君のクラスでは、「遠足におやつを持って来てはならない」というルールがあった。A君は、弁当箱の弁当の他に、バナナ1本（100円）を持って来た。A君のクラスでは、弁当箱に入らないおにぎりや、弁当箱とは別にフルーツケースを入れる例があったため、「弁当箱に入らない食べ物」という解釈を採るべきではないとされた。そこで、「おやつ」とは、「弁当箱に入らない食べ物。ただし、弁当箱に入らない食べ物であっても、弁当に付随する食べ物は『おやつ』ではない」と解釈することになった。

　Bさんは、A君の持って来たバナナが弁当箱に入っていないことから、「おやつ」に当たると述べた。

　A君は、「弁当に付随する食べ物は『おやつ』ではない」と解釈されていることから、これにより、バナナ1本は「おやつ」には含まれないと述べた。

＜要件の確認＞

A君が持って来たバナナが「おやつ」といえるか。

↓

＜要件の解釈＞

「弁当箱に入らない食べ物であっても、弁当に付随する食べ物は『おやつ』ではない」と解釈されている。

↓

＜事実の適示・要件を満たす理由＞

A君が持って来たのはバナナである。バナナは食事と共に提供されることがあるものといえる。また、A君が持って来たバナナは1本だけである。弁当を主とすれば従となる程度の分量に過ぎない。以上から、A君が持って来たバナナは、弁当に付随する食べ物といえる。

↓

＜結論＞

以上から、A君が持って来たバナナは、「おやつ」ではないといえる。

PART 2　ルールを分析する　　**81**

この例の「弁当に付随する食べ物」ように、要件が抽象的である場合も数多くあります。このような場合には、要件が満たされるのかどうかが明確にならず、そのためにトラブルが生じるおそれがあるといえるので、特に慎重に要件を満たす事実と理由を確認しなければならないといえます。

事例

20XX 年 10 月 30 日、A 君、B さんら 1 組の生徒は、席替えをしたいと希望した。現在、1 組の生徒 30 人のうち 20 人が席替えを希望している。また、前回に席替えをしたのが 20XX 年 9 月 15 日である。A 君は、席替えを求めることができるか。

> **ルール** 1 組の生徒は、1 組の生徒の過半数が席替えを希望し、かつ、30 日前の日までに席替えをしていない場合には、先生に席替えを行うことを求めることができる。

前述のように、このルールを分析すると次のようになります。

＜効果＞

先生に席替えを行うことを求めることができる。

＜要件＞

①1 組の生徒であること

②1 組の生徒の過半数が席替えを希望していること

③30 日前の日までに席替えをしていないこと

A 君は、上のルールが適用されることを先生に説得するために、要件を全て満たすことを確認して主張しなければなりません。それぞれ確認してみます。

①1 組の生徒であること

A 君は、1 組の生徒とされています。そのため、①を満たします。

②1 組の生徒の過半数が席替えを希望していること

「現在、1組の生徒30人のうち20人が席替えを希望」しているため、「過半数」といえます。そのため、②も満たします。

③30日前の日までに席替えをしていないこと

「前回に席替えをしたのが20XX年9月15日」であり、「現在は、20XX年10月30日」であるため、「その30日前の日までに席替えをしていない」といえます。そのため、③も満たします。

このとおり、①から③の各要件を満たすことが確認されました。これにより、A君は、ルールが適用されると先生に堂々と主張することができます。

先生としては、このようなルールが適用されないと反論したいならば、①から③の要件が満たされないことを主張するか、別のルールを探して、「席替えを求めることができない」という効果を持つルールの適用を主張しなければなりません。

POINT

・ルールを使う際には、全ての要件について、その要件に事実をあてはめて、要件を満たす事実があることを確認しなければならない。
・要件が不明確な場合には、要件を解釈してから事実をあてはめる。

---

column
法的三段論法②

PART 1のコラム（法的三段論法①）で見たように、ルールを使った説得の方法を法的三段論法といいます。

前のコラムの際には、要件・効果を意識していませんでしたが、

PART 2　ルールを分析する

要件・効果をふまえて、改めて法的三段論法を見てみましょう。

　法的三段論法は、大前提としてルールがあって、小前提としてルールに該当する事実があれば、ルールの効果が発生するという結論を導く論法です。ルールの各要件を満たすかどうかという場合にも、法的三段論法をとることになります。

　次のとおりです。

> **ルール** 生徒は、生徒の過半数が席替えを希望し、かつ、30日前の日までに席替えをしていない場合には、先生に席替えを行うことを求めることができる。

＜要件＞
①生徒の過半数が席替えを希望すること
②30日前の日までに席替えをしていないこと
＜効果＞
生徒が先生に席替えを行うことを求めることができる。

　一般的な法的三段論法は、ルール全体を捉えて説明されます。以下のようになります。

【法的三段論法（ルール全体）】
■大前提：生徒は、生徒の過半数が席替えを希望し（要件①）、かつ、30日前の日までに席替えをしていない（要件②）場合には、先生に席替えを行うことを求めることができる。
■小前提：要件①を満たす事実＋要件②を満たす事実
■結論：先生に席替えを行うことを求めることができる。

　また、このようなルール全体を捉える三段論法ではなく、各要件を検討する際にも、同じように三段論法に基づいて検討することに

なります。

【法的三段論法（要件①）】

■大前提：要件①として、「生徒の過半数が席替えを希望すること」がある。

■小前提：生徒30名中20名が席替えを希望している。

■結論：要件①を満たす。

【法的三段論法（要件②）】

■大前提：要件②として、「30日前の日までに席替えをしていないこと」がある。

■小前提：最後に席替えをしたのは、40日前である。

■結論：要件②を満たす。

　法的三段論法は、以上のとおり、ルールの構造を整理したうえで、各要件を満たすかどうかという点を検討する際にも活用されます。

column

要件は明確な方がよい？

　要件を検討する場合には、この SECTION で見てきたように、要件を満たすかを、あてはめにより逐一検討することになります。「弁当箱に入らない食べ物」のように、要件が具体的であれば、あてはめも簡単にできます。

　一方で、要件が「弁当に付随する食べ物」などのように抽象的な場合には、あてはめが難しいといえます。どのような場合にその要件を満たすのかが明らかではないからです。あてはめが難しくなれば、当事者間で意見が異なり、紛争が解決することも遅くなってし

PART 2　ルールを分析する　　**85**

まうかもしれません。

　そのため、できるだけ明確に要件を規定できることが望ましいといえます。契約書を作成する場合などでも、ビジネスの内容をふまえて、ある程度、具体的・明確に要件を定めることが望ましいでしょう。

　しかし、要件を具体的にし過ぎてもよくありません。要件に含むべき場面は、必ずしも事前に想定できないものもあります。あらゆる場面を想定して、全て具体的に規定することはおよそ不可能といえますし、柔軟な運用を行うことができません。そこで、そのルールを適用するべき場面をあれこれ考え、それを包含できるようなよい表現を見つけていくことが重要になります。

3 要件は別のルールに定められることもある

　これまでは、一つのルールだけを見て、要件・効果を考えました。

　しかし、別のルールに定められる内容を要件として考慮しなければならないケースもあります。このような場合には、そのルールだけ見ても要件を全て把握することができないので、別のルールも検討する必要があります。

事例

　A君が遊ぶ広場に次のようなルールがあることを知りながら、A君は、広場で野球をした。広場の所有者Pさんから広場の管理を任されたXさんは、A君に何を主張できるか。

> ルール
>
> ①広場の共同所有者全員から管理者として指定を受けた成年者が「広場管理人」となる。
> ②広場の利用者は、事前の申請なく、広場の中でボールを使用してはならない。
> ③広場管理人は、この規則に定められた義務に違反した者がある場合、その違反者に対し、この広場から出ていくように求めることができる。

　Xさんは、A君に何か求めることができないかという観点でルールを見ました。すると、ルール③によって、「広場から出ていくように求める」権利を得られることに気づきました。これを使って、A君にボールの使用を止めてもらうように求め、それに応じない場合には、出て行ってもらうように求めていくことにしました。

　まずは、出て行ってもらうために使うルール③の要件を確認します。すると以下のとおりです。

ア　広場管理人であること

イ　規則に定める義務に違反した者があること

　これらの要件をXさんが満たすかどうかを確認します。

　すると、アについては、「広場管理人」が何かがよくわかりません。そこで、別のルールを見てみる必要があります。ルール①によれば、広場管理人になるのは、㋐広場の共同所有者全員から管理人として指定を受けること、㋑成年者、とされています。そのため、これらが満たされてはじめて、「広場管理人」といえます。そこで、Xさんは、㋐㋑を満たす必要があります。

　また、イについて見てみると、「規則に定められた義務に違反した者があること」という点については、どのような「規則」があるのかがわからなければ、A君が「違反した者」に当たるのかどうかがわかりません。

　そこで、こちらも別のルールを参照する必要があります。ルール②は、

PART 2　ルールを分析する　　**87**

利用者の義務を定めているものですので、これを参照します。

ルール②を見てみると、「広場の利用者は、事前の申請なく、広場の中でボールを使用してはならない」とあります。これによれば、次の(ア)(イ)を満たす場合に、広場の利用者は、規則に定められた義務に違反することになります。

(ア)事前の申請をしていないこと
(イ)広場の中でボールを使用すること

ルール②は、ルール③の要件を示したものということができます。つまり、このルールは、次のような構造になっているといえます。

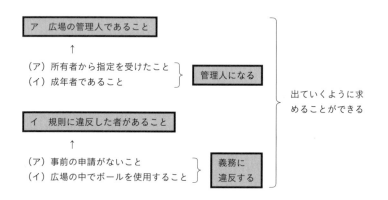

このように、ルールは、一つだけ参照しても解決しない場合が数多くあります。この場合には、その要件を定める別のルールを参照する必要があります。

POINT

・ルールは一つだけ見ても解決しないことが多い。
・その場合、ルールの要件を検討する過程で、別のルールの要件・効果などを検討しなければならない。
・ルールとルールの関係を整理して構造を理解する。

column

ルールの呼び方（条・項・号）

　法律や契約書などに定められたルールを使う際には、ルールの何を使うのかを特定しなければなりません。そこで、正確にルールを読んで指摘することが大切になります。

　例えば、次の架空の契約書の条文を見てください。

第9条

1. 本契約において秘密情報とは、相手方から提供又は開示された一切の情報をいう。ただし、開示の際に秘密である旨が明示された情報に限る。

2. 前項にかかわらず、以下の情報は、秘密情報に含まれないものとする。

　　⑴　開示の時に既に自らが保有している情報

　　⑵　第三者から正当に入手した情報

　　⑶　開示の時に既に公知である情報

　　⑷　自らの責めに帰すべき事由なく、公知となった情報

3. 当事者は、秘密情報を第三者に開示してはならない。また、当事者は、秘密情報を相手方が指定した目的以外に使用してはならない。

4. （略）

　このようなルール全体を示す際には、「9条」と示します。

　その次のレベルの1.から4.をそれぞれ示す場合には、「9条1項」から「9条4項」といいます。

　9条1項を見ると、2文あります。「ただし」で始まっている文を但し書きというので、その部分を「9条1項但し書き」と呼びます。反対に、9条1項の但し書きの前の部分は、「9条1項本文」と呼び

PART 2　ルールを分析する　**89**

ます。

　次に、9条2項を見ると、(1)から(4)があります。これらを示す場合には、それぞれ「9条2項1号」から「9条2項4号」と呼びます。

　9条2項には(1)から(4)の前に文があり、「以下の情報は」と記載されて(1)から(4)を示しています。このように号を示す文を柱書といいます。そのため、この部分は、「9条2項柱書」といいます。

　次に9条3項を見ると、これも9条1項と同じく、2文あります。しかし、9条1項とは異なり、但し書きになっていません。このような場合には、前の文を「前段」、後の文を「後段」と呼びますので、それぞれ「9条3項前段」「9条3項後段」と呼びます。

　契約書をチェックすると、項・号の指示の仕方を誤っているケースがあります。意味が変わってしまう可能性もありますので、注意が必要です。

SECTION 06 ルールを使うときの考え方 （最適なルールを選び出す）

1 はじめに

　あるルールを使う場合には、ルールの要件・効果を分析して使うことを理解していただけたと思います。本SECTIONでは、このようなルールの分析を用いて、実際にルールを使うときのプロセスを見ていきます。本PARTの冒頭で説明したとおり、ルールは、人を説得して動かすための道具です。

　そのため、自分にとって有利なルール、不利なルールを見分けて利用することになります。

2 まずは何を求めたいのかを考える

まずは、**自分が誰に何を求めたいのか**を考えます。求めたいことを実現するためにルールを使っていくことになります。自分が求めたいことを求めるルールが存在するかどうかにかかわらず、素朴に考えていけばよいです。例えば、友人に貸した物を返してほしい、お客さんに代金を支払ってほしい、事故の相手にけがの治療費を払ってほしい、親戚に約束どおり財産を引き渡してほしい、などです。

3 事情をふまえて、ルールを探す

自分が求めたいことが決まれば、その事情をふまえて、**使えそうなルールを探し、検討するべきルールを定めます**。ルールの要件・効果に注目し、自分の事情で使えそうなルールを絞り込んでいきます。このとき、多くの事情があれば、意外にも使えるルールがあるかもしれません。そのため、様々な観点から事情を検討するとよいです。

---

column
適当なルールがない場合

自分が求める効果を実現するルールがない場合には、別の手段を検討する必要があります。

有効な次善の策があれば、それを行います。例えば、著しく不真面目な従業員を解雇処分にしたいと思ったとします。法律では、解雇処分は、簡単にはできないことを知り、今回は要件を満たさないと思った場合には、次善の策として、減給・譴責・戒告などより軽い別の処分を検討することが考えられます。

また、ルールを解釈して、自分が求める効果を実現できるように要件または効果を修正することもありえます。自分の事案と合うルールがない場合に、似ている要件・効果を定めるルールを見つけ

PART 2 ルールを分析する **91**

出し、その要件や効果を解釈して、自分の事案に合わせていくことになります。

　次善の策もなく、解釈も難しい場合には、法律などのルールで解決を図るためには、ルールを作る必要があります。

column

使えるルールを探す力

　あるトラブルを解決するために自分にとって有利なルールを見つけ出さなければなりません。ところが、法律で定められているルールの数は、あまりに膨大です。法律を使ってトラブルを解決するためには、膨大にあるルールの中から、使えるルールを見つけ出す必要があります。

　例えば、司法試験であれば、全部で8科目について論述試験がありますので、それらを使いこなせるように勉強します。そのうちの1科目である民法だけでも1,000条以上の条文があります。しかし、司法試験に合格するために1,000条の条文を暗記する必要は全くありません。使えそうなルールを探すことができればよいのです。

　使えそうなルールを探す力は、ルールをよく理解しているか、重要なポイントを知っているかによります。ルールの構造やポイントをよく勉強しておけば、どんなルールがありそうかという当たりをつけることができるようになります。

4　要件を満たすかどうかを確認する

　自分が使うルールを定めたら、要件を満たすのかどうかを確認します。

　要件を検討する際には、ルールの**要件を全て列挙**します。このとき、他のルールが要件になっている場合もありますので、このような他の要件も含めて列挙します。

要件が列挙されれば、それら各要件を満たすのかどうかについて、把握している事情をふまえて、それぞれ**あてはめ**をします。一つでも要件が欠ければ、効果が生じないことになるので、漏れなく行う必要があります。
　この結果、全ての要件を満たすということになれば、ルールに基づいて効果の発生を求めていけることになります。

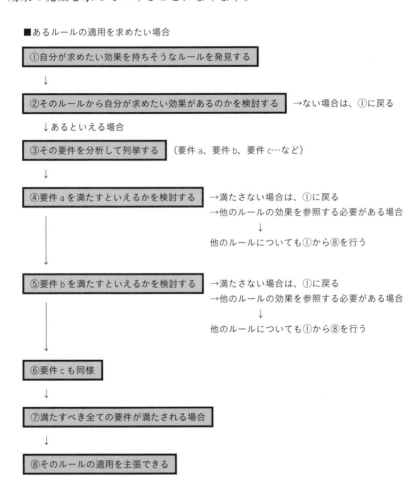

5 相手方から求められたことに反論したい場合

　相手方から何かを求められたが、納得がいかず反論をする場合も、ありえます。その場合であっても、基本的には、立場が変わるだけで、何かを求めるときのプロセスと同様です。相手が求めるルールを確認します。ルールもなく何かを主張しているのであれば、根拠となるルールを明らかにするように求めることになります。

　ルールが明らかにされれば、その効果が相手方の求めと一致しているのかを確認します。相手方が求めていることと、効果が一応、一致しているのであれば、相手方が適用を求めるルールの要件を列挙します。そのうえで、本件の事情において、要件を満たしているのかどうかを確認します。

　要件を満たしているのかどうかが不明確であれば、相手方に明確にしてもらうように求めることが検討されます。また、要件を満たしていないと考えるのであれば、その旨の反論をすることを検討します。

　相手方から求められている側としては、要件の一つでも満たさないといえれば効果が発生しなくなるため、最も問題になる要件に注目し、その要件について満たさない旨をきちんと反論することが重要になります。

　このようなプロセスを経て、どうも相手が適用を求めるルールの効果が発生するだろうと思われるのであれば、相手方が求めるルールの効果を消滅したり、変更したりする別のルールの適用を求めることが考えられます。これにより、相手方の求める効果を失わせることなどができる可能性があるからです。この場合、別のルールについては、反対に、こちらが適用を求める側になるので、「あるルールの適用を求めたい場合」と同じプロセスで行うことになります。

■誰かからルールの適用を求められ、その効果を否定したい場合

①相手から主張されるルールを確認する

↓

②そのルールに相手が主張する効果があるのかを検討する　→ない場合、効果がないと主張する

↓あるといえる場合

③その要件を分析して列挙する　（要件 a、要件 b、要件 c…など）

↓

④要件 a を満たすといえるかを検討する　→満たさない場合は、要件不充足で効果が生じないと
　　　　　　　　　　　　　　　　　　　　　主張する
　　　　　　　　　　　　　　　　　　　→他のルールの効果を参照する必要がある場合
　　　　　　　　　　　　　　　　　　　　　　　↓
　　　　　　　　　　　　　　　　　　　他のルールについても①から⑧を行う

⑤要件 b を満たすといえるかを検討する　→満たさない場合は、要件不充足
　　　　　　　　　　　　　　　　　　　→他のルールの効果を参照する必要がある場合

　　　　　　　　　　　　　　　　　　　他のルールについても①から⑧を行う

⑥要件 c も同様

↓

⑦満たすべき全ての要件が満たされる場合

↓

⑧そのルールの適用を認めざるを得ない

↓

⑨別のルールを用いてそのルールの効果を否定できないかを検討する

→「あるルールの適用を求めたい場合」のプロセスに従って、その別のルールについて検討する

　以上のプロセスに従って、次の事案を検討してみます。

事例

　大学生の A 君、Y 君は、同じサークルに所属している。A 君はその代表を務めている。Y 君は、サークルに頻繁に顔を出しては会費によって購

PART 2　ルールを分析する　　**95**

入されたものを我が物顔で利用している。

　A君は、20XX年11月16日にY君に会費を支払うように求めた。ところが、Y君は、お金がないなどとして会費を支払わなかったため、A君は、再度、11月30日に会費を支払うようにメールで注意したが、20XX年12月16日現在、やはり支払われなかった。A君は、Y君を参加停止処分にしたいと考えた。A君はこれをすることができるか。また、除名処分をするためにはどのような手続きを踏む必要があるか。

ルール

第1条　メンバーは、毎年11月16日までに、会費を支払わなければならない。

第2条　1　代表は、サークルのメンバーがこの規則に違反し、かつ、代表の注意を受けた日の1週間後までにその違反状態を是正しない場合、当該メンバーの参加を停止させることができる。

　　　　2　代表は、前項に基づき、メンバーの参加を停止してから1カ月以内に、当該メンバーから違反状態の是正がされた場合、当該メンバーの参加の停止処分を解かなければならない。

第3条　代表は、第2条第1項の参加停止処分を執ってから1カ月経過後に、代表が除名する可能性があることをそのメンバーに通知し、それから1カ月後までに違反状態が解消されない場合、当該メンバーを除名できる。

　まず、A君がY君を参加停止するための最初のプロセスとして、その効果を持っているルールを探します（使うルールを探し、発見する）。

　すると、2条1項がそのルールに当てはまります。

　2条1項の停止措置がきちんと執られていなければならないため、2条1項を分析することになります（ルールの分析）。

2条1項

＜効果＞

参加を停止させることができる。

＜要件＞

①代表であること

②メンバーが規則に違反したこと

③代表者が注意したこと

④代表者が注意した日から1週間後までに違反状態が解消されないこと

　2条1項の効果を生じるためには、その要件を満たす必要があるため、2条1項の各要件を検討します（ルールの要件を満たすかを検討する）。

①代表であること

　A君は、代表であるため、この要件を満たします。

②メンバーが規則に違反したこと

　メンバーの規則違反をいわなければなりません。そのため、この要件は、

a)「規則で定められる義務があること」

b)「義務に違反していること」

と分析できます。

a)　規則で定められる義務があること

　そこで、違反していると考えられるルールを探します（ルールを探し発見する）。すると、1条が見つかりますので、分析します（ルールの分析）。

| 1条 |

＜効果＞

会費を支払う義務

＜要件＞

・毎年11月16日が経過すること

　この要件を検討すると、「現在、20XX年12月16日」であるため、これを満たします（ルールの各要件の検討）。そこで、1条の効果が生じており、「規則で定められる義務がある」といえます。

b)　義務に違反していること

　この要件に加えて、「義務に違反していること」が必要です。この要件

を検討すると、Y君は会費を支払っていないため、義務に違反しているといえます。

③代表者が注意したこと

「A君は、再度、11月30日に会費を支払うようにメールで注意した」ため、この要件を満たします。

④代表者の注意から1週間後までに違反状態が解消されないこと

20XX年12月16日現在まで、Y君は、一切会費を支払っていないため、注意をした日の1週間後に会費を支払っていないといえます。

　以上のとおり、要件①から④を全て満たすため、A君は、Y君に対し、停止処分をすることができます。

　では、除名処分はどうでしょうか。まず、はじめのプロセスとして、A君は、Y君を除名するためには、除名をすることができる効果を持っているルールを探します（使うルールを探し、発見する）。すると、3条がそのルールに当てはまるので、3条を分析します（ルールを分析する）。

| 3条 |

<効果>

メンバーを除名できる

<要件>

①代表であること

②2条1項の停止処分を執ったこと

③停止措置を執ってから1カ月経過後に代表が除名する可能性を通知したこと

④通知から1カ月後の時点で違反状態が解消されないこと

　各要件を満たすための事実が揃っているでしょうか。

①代表であること

A君は、代表であるため、この要件を満たします。

②２条１項の停止処分を執ったこと

　停止処分は、現在検討中であるため、この要件を満たしません。そのため、現在は、まだ除名処分をすることができないといえます。ただし、停止処分の要件を満たしていることが確認できているので、いつでも停止処分をすることができるといえます。

　そのため、近い将来にこの要件も満たされることを前提に、他の要件も見てみます。

③停止処分を執ってから１カ月経過後に代表が除名する可能性を通知したこと

　今はまだ停止処分を執っていないので、通知はできません。そのため、すぐに要件を満たすことができないといえます。今後、除名処分を執るのであれば、このような通知を行わなければならないことを、A君は、理解することができました。

④通知から１カ月後の時点で違反状態が解消されないこと

　まだ通知をしていませんし、もしかしたら、停止処分や、通知をすることによって、Y君が翻意して、会費を支払ってくれるかもしれません。そうすれば、この要件を満たさないため、除名処分はできません。

　以上から、A君は、すぐに停止処分をすることができること、今はまだ除名処分ができないこと、今後、除名処分をするのであれば、どのくらいの期間が必要であり、どのような手続きをとらなければならないかを理解することができました。

> **POINT**
>
> ・ルールの適用を求める際には、以下が必要である。
> 　①使うべきルールの特定

PART 2　ルールを分析する　　**99**

②使うべきルールの効果の確認
③使うべきルールの要件の列挙
④使うべきルールの全要件について、要件を満たす事実があるか
のあてはめ
・反対に、ルールの適用を否定する場合も同じように検討して、満
たさない要件を特定して反論する。

SECTION 07 まとめ

PART 2では、ルールを要件・効果に分析して読む方法を見ていきました。この方法は、法律でも契約書でも同じであり、法律などを使うためには、必須の技術です。裁判事例のほぼ全てが、ある要件を満たす事実があるのか、ないのかという点が問題になっています。その議論を理解するためには、問題になっている条文では何が要件になっているのか、その条文のどの要件が問題になっているのかを分析して理解できなければなりません。また、契約書を作成する場合には、何が要件で何が効果かを意識して定めなければ、思わぬ結果を招いてしまうおそれもあります。

このように、要件・効果という分析は、法律を使ううえでの基本です。裁判官や検察官、弁護士といった法律家が仕事をする際には、常に、要件・効果の分析や、法的三段論法を活用しています（トレーニングしているので無意識に活用します）。

これに慣れていないと、要件を満たす事実があるのかどうかの確認（あてはめ）をすることを忘れてしまったり、雑に済ませてしまったりする場合があります。簡単なように思えて意外と難しい……という技術です。しかし、意識して慣れることにより、要件・効果という分析や三段論法などを使いこなすことができるようになります。

100

PART 3

ルールを
解釈する

SECTION 01 イントロダクション

　これまで、ルールを使って自分の要求を主張する基本的なプロセスを見てきました。基本的なプロセスをふまえれば、ルールに関する多くの問題は解決することができます。

　しかし、これまで見てきたような基本的なプロセスをふんでいるにもかかわらず、当事者間の意見がまとまらないことがあります。ルールの読み方が当事者によって異なることがあるからです。

　ルールが抽象的であり、そのルールが使えるのかどうかが明確ではないことがあります。また、ルールを作ったときに想定されないケースが起こり、ルール通りでは不当な結果を導くこともあるなどといった限界があります。

　このような場合には、ルールの真意を読み解いて、**ルールの内容を明らかにする作業をする**ことになります。

　このような作業を**解釈**といいます。解釈をするべき場面としては次の4つの場面がありえます。

【ルールを解釈する場面】
(1)　ルールに定められる文言が明確ではなく、あるべき結論を導くことができるのかどうかが明らかではない場面（文言が不明確である）
(2)　定められるルールにそのまま従ってしまうと、あるべき結論にならない場面（結論が妥当ではない）
(3)　あるべき結論を導くことができるルールがない場面（ルールが存在しない）
(4)　他のルールとの関係が明らかではない場面（他のルールとの関係が不明確である）

　ルールを作る際には、様々なケースを想定して慎重に作られるため、多

くの場合、このような解釈をしなくてもトラブルを解決することができます。しかし、ルールを作る人もあらゆる場面を想定しつくしてルール作りをすることは不可能です。どんなに考えられたルールであっても、（1）から（4）のような場面が発生する場合があります。

　そのときに、適切な結論を導くようにルールを解釈します。

　ただし、気を付けなければならないことがあります。ルールの解釈は、ルールに書いていないことを読み解いてルールの内容を定めていく作業です。このため、解釈が自由にされてしまえば、ルールに基づいてトラブルを解決しようとしても、それぞれの当事者がそれぞれの都合のよいように解釈してしまい、トラブルの解決が不可能になってしまいます。これでは、ルールを作った意味がありません。

　このため、ルールを解釈するとしても、妥当性を持った解釈がされなければなりません。ルールを解釈する際には、その解釈には無理がないか、正当といえるのかを常に検証することが重要です。

　このようなルールの解釈は、ルールを使いこなすうえでは、いわば応用編です。PART 2までで説明したようなルールの使い方では、妥当な結論を導くことができないという例外的なケース（前述のような（1）から（4）のような場面）が生じたときに、必要な技術であるといえます。

　さて、このようなルールの解釈ですが、実は、ルールの解釈の方法は、PART 1で既に見ています。PART 1では、バナナは「おやつ」に含まれるのかなどといった問題を考えてみました。これは「おやつ」という言葉の意味を明らかにする作業でした。PART 1では、既に解釈の方法・手がかりについて説明しています。

　PART 3の目的は、PART 1で見てきたルールの読み解き方と、PART 2で見てきたルールの使い方をふまえて、それらをリンクさせていくことにあります。この意味で、これまでの説明をふまえた応用編といえます。

PART 3　ルールを解釈する　　**103**

POINT

・ルールには書いていないことを読み解いていくことを解釈という。
・解釈は、次の場面で必要になる。
　(1)　ルールの文言が不明確である場面
　(2)　ルールに基づく結論が妥当ではない場面
　(3)　求める結論を導くルールが存在しない場面
　(4)　他のルールとの関係が不明確である場面
・解釈が自由にされれば、ルールを作った意味がなくなってしまうため、解釈に無理がないかを検討することが重要である。
・解釈をしなくてもよいなら、解釈をしない。

SECTION
02

導きたい結論から考える

　ルールは、人を説得して動かすための道具であるという説明をPART 2でしました。自分の求める主張がルールによって正当化されるのであれば、相手がルールを尊重してくれる限り、自分の主張のとおりに動いてもらえることになります。このため、自分の主張をルールによって正当化するという視点が重要になります。

　この視点をふまえると、まずは自分がどのような結論を導きたいのかという点から、ルールを解釈するべきかどうか、解釈するとしてどのように解釈していくべきであるのかを考えていくことが有用になります。

　例えば、「おやつは400円分まで」というルールがあり、A君が持って来たバナナが「おやつ」に含まれるのかどうかが問題になっているとします。A君としては、自分が持って来たバナナは「おやつ」に含まれないという結論を導くために「おやつ」を解釈することになります。反対に、

A 君を糾弾したい人であれば、A 君が持って来たバナナが「おやつ」に含まれるという結論を導くことができるように「おやつ」を解釈することになります。このように、**自分がどのような結論を導きたいのか、という点からスタート**して、解釈をしていきます。

　もちろん、無理な解釈は正当化されません。ルールの解釈は、正当化される範囲である必要があります。PART 1 で見たように、ルールを解釈する際の手がかりとして、利益衡量や常識といった要素があり、無理な解釈は排除されました。自分が導きたい結論からスタートするとしても、自分の解釈が無理のない解釈になっていないかは、常に検証されなければなりません。

POINT

・自分がどのような結論を導きたいのかという点をふまえて、ルールを解釈する必要があるのかどうか、解釈するとしてどのように解釈するべきかを検討することが有用である。

SECTION
03
ルールを解釈する場面①
（文言が不明確である）

1 不明確な要件を明確にする

　法令や契約書の中にも、要件の意味が明らかではないものはたくさんあります。このように要件の意味が不明確であれば、目の前の事案がその要件に含まれるのかどうかが判別できなくなってしまいます。そのため、解釈によって要件の意味を明らかにする必要があります。例えば、PART 1 で見た「おやつは 400 円分まで」というルールの「おやつ」などが不明確

でした。バナナのような「おやつ」に含まれるのかどうかがわからないものが出てきた場合に、それが「おやつ」に含まれるのかどうかは、「おやつ」という言葉の意味を考えて検討します。

　このように要件を明確にすることが、解釈の重要な役割の一つです。

事例

　A君は、遠足にバナナ1本を持って来た。X先生は、バナナを没収したいと考えた。次のようなルールがある場合、X先生は没収することができるか。

> ルール　**遠足には弁当を持って来なければならない。先生は、生徒がおやつを持って来た場合、そのおやつの全てを没収できる。**

　PART 1では、「おやつ」という言葉をどのように解釈するべきであるのかを見ていきました。ここでは、PART 2で見てきたルールの分析をふまえて、ルールの解釈とは何をする作業であるのかを確認していきます。ルールを分析すると、次のとおりです。

【分析】
＜効果＞
おやつの全てを没収できる
＜要件＞
ア　先生であること
イ　生徒がおやつを持って来たこと

【要件を満たすか】
ア　先生であること
　X先生は、「先生」であるため、アの要件を満たします。
イ　生徒がおやつを持って来たこと
　没収をするX先生の立場からすると、バナナ1本も「おやつ」という

106

べきであるため、バナナ1本が「おやつ」に含まれるように「おやつ」という言葉を解釈します。そのうえで、バナナ1本が「おやつ」に当たるとあてはめることになります。

　一方で、没収されたくないA君の立場で見れば、バナナは「おやつ」に含まれないように「おやつ」を解釈して、バナナが「おやつ」に当たらないと主張していくことになります。

　PART1でみたとおり、これはルールに書かれている「おやつ」という言葉だけを見てもよくわかりません。このように、ルールの要件の内容が不明確であることがあります。このときには、ルールの要件の内容を解釈して、起こった出来事が要件に含まれるのかどうかを定めていく必要があります。没収を防ぎたいA君としては、ルールの趣旨や目的などをふまえて、「おやつ」の意味を狭く理解すべきと主張することになります（この考え方はPART1でみたとおりです）。

　A君からは、次のような説明がありました。

　今回のルールの趣旨は、弁当と評価できる食べ物以外の食べ物の分量が多くなることにより、余計な荷物が増えて遠足の遂行に支障が生じることを防止することである。このような趣旨をふまえると、弁当の一環として持って来る食べ物まで禁止するものではない。そして、通常、弁当の添え物とされる果物は禁止されるものではない。これをふまえ、「おやつは、弁当以外の食べ物をいう。ただし、弁当の分量をふまえて過大とはいえない分量の果物を除く」と解釈できる。僕が持って来たバナナは果物であり、たったの1本だけであるので、過大な分量ともいえない。以上から、僕が持って来たバナナは、「おやつ」には含まれない。

　A君の解釈は次のとおりです。
【要件】
ア　先生であること

イ　生徒がおやつを持って来たこと

　解釈→生徒がおやつ（弁当以外の食べ物をいう。ただし、弁当の分量をふまえて過大とはいえない分量の果物を除く）を持って来たこと

【要件を満たすか】

ア　先生であること

　あてはめ→X 先生は、「先生」であるため、アの要件を満たします。

イ　生徒がおやつを持って来たこと

　解釈→生徒がおやつ（弁当以外の食べ物をいう。ただし、弁当の分量をふまえて過大とはいえない分量の果物を除く）を持って来たこと

　あてはめ→A 君が持って来たバナナは、弁当以外の食べ物ではある。しかし、バナナは果物であり、たったの 1 本だけであるので、過大な分量ともいえない。「おやつを持って来た」とはいえない。

【結論】

　先生は、A 君が持って来たバナナ 1 本を没収できない。

　一方で、没収をする先生としては、「おやつ」の意味を広く理解すべきと主張することになります。先生としては、バナナ 1 本が「おやつ」に含まれるように、「おやつ」を解釈して意義を定める必要があります。先生の立場からは次のような説明がされました。

　おやつを持って来ることが禁止される趣旨は、弁当と評価できる食べ物以外の食べ物の分量が多くなることにより、余計な荷物が多くなり、遠足の遂行に支障が生じることを防止することである。弁当箱に入らない食べ物を持って来ることになれば、余計な荷物の分量が多くなることに変わりなく、これを制限する必要がある。また、仮に、これを制限したとしても、弁当箱に入れる食べ物を制限するものではないのであるから、弁当の一環

として持って来る食べ物については、弁当箱に入れておけばよく、特に不都合はない。

　これをふまえると、「おやつ」とは、「弁当箱に入らない食べ物」と解釈できます。先生の解釈は次のとおりです。
【要件】
ア　先生であること
イ　生徒がおやつを持って来たこと
　解釈→生徒がおやつ（<u>弁当箱に入らない食べ物をいう</u>）を持って来たこと

【要件を満たすか】
ア　先生であること
　あてはめ→Ⅹ先生は、「先生」であるため、アの要件を満たします。
イ　生徒がおやつ（<u>弁当箱に入らない食べ物をいう</u>）を持って来たこと
　あてはめ→Ａ君が持って来たバナナは、弁当箱に入っていない食べ物である。よって、「おやつを持って来た」といえる。

【結論】
　先生は、Ａ君が持って来たバナナ１本を没収できる。

　このように、まずはPART 2で見たように要件・効果を分析して、解釈をせずにルールが適用できるかを検討します。PART 2で見たように一つ一つ要件を満たすかどうか、要件に事案をあてはめて検討します。
　その際に、不明確な要件があると、要件を満たすかどうかをあてはめることができません。このときにはじめて文言を解釈していきます。
　解釈をする際には、PART 1で見た手がかりを使って解釈していきます。

PART 3　ルールを解釈する　**109**

もう一つ別の事例を見てみましょう。

事例

　A君が学校にゲームができるペンを持って来た。これを見たBさんは、A君に、そのペンはおもちゃだから、放課後に掃除をするようにと求めた。A君は、ただのペンであって、おもちゃではないから掃除をしないと主張した。

> **ルール** 学校におもちゃを持って来た生徒は、放課後に掃除をしなければならない。

　ルールを分析します。

＜効果＞

放課後に掃除をしなければならない。

＜要件＞

ア　生徒であること

イ　学校におもちゃを持って来たこと

　Bさんの立場から、要件を検討します。まず、「生徒であること」については、A君は、生徒であるので満たします。これは特にA君としても問題がありません。

　次に、「学校におもちゃを持って来たこと」については、A君が「ただのペン」と言っていることから、A君の持って来たペンが「おもちゃ」に当たるのかどうかが問題になります。そこで、Bさんとしては、「おもちゃ」にA君のペンが含まれるように解釈することが必要になります。Bさんは、「おもちゃ」を「学校で使うものかどうかに関係がなく、遊びに使うことが予定されるもの」と解釈しました。

　この解釈をふまえてあてはめると、A君のペンは、ゲームができるものであるので、遊びに使うことが予定されています。ペンは学校で使うものではありますが、Bさんの解釈によれば、学校で使うものかどうかには

110

関係がないので、A君のペンがペンとして使うものであるとしても、「おもちゃ」に含まれることになります。

　以上から、Bさんは、次のように解釈して、A君は掃除をすべきと主張しました。

＜効果＞

放課後に掃除をしなければならない。

＜要件＞

ア　生徒であること

　あてはめ→A君は、生徒である。

イ　学校におもちゃを持って来たこと

　解釈→「おもちゃ」とは「学校で使うものかどうかに関係がなく、遊びに使うことが予定されるもの」

　あてはめ→A君のペンは、ゲームができるものであるので、遊びに使うことが予定されており、「おもちゃ」である。

　これに対し、A君は、掃除を免れたいところです。A君の立場から要件を検討すると、「生徒であること」は間違いないので、これは争えないため、A君の持って来たペンが「おもちゃ」ではないとして、「学校におもちゃを持って来たこと」に当たらないと主張していくことになります。そこで、A君は、持って来たペンが「おもちゃ」に当たらないように「おもちゃ」を解釈することになります。A君は、「おもちゃ」を「遊びに使うことが予定されるもの。ただし、学習の道具として使うものは除く。」と解釈しました。

　これをふまえると、A君のペンは、遊びに使うことが予定されるため、基本的には「おもちゃ」になりそうです。しかし、A君はペンとして使用するため、「学習の道具としても使うもの」であり、「おもちゃ」から除かれるということになります。

PART 3　ルールを解釈する　**111**

＜効果＞

放課後に掃除をしなければならない。

＜要件＞

ア　生徒であること

　あてはめ→A君は、生徒である。

イ　学校におもちゃを持って来たこと

　解釈→「おもちゃ」とは「遊びに使うことが予定されるもの。ただし、学習の道具として使うものは除く。」

　あてはめ→A君のペンは、ゲームができるものであるので、遊びに使うことが予定されており、原則として「おもちゃ」である。しかし、A君は、学習の道具としてそのペンを使うため、「おもちゃ」から除かれる。そのため、「おもちゃ」ではない。

　どちらの解釈が妥当であるかという点は、PART1をふまえて考えてみてください。どのような場合に解釈が必要であるのか、解釈をするまでの思考プロセスが重要です。

POINT

・まずは要件・効果の分析をする。
・要件を満たすかどうかを検討すると、満たすかどうかが不明確な要件が見つかる場合がある。そのときにその要件を解釈する。

---

2 不明確な効果を明確にする

　要件だけではなく、効果の具体的な意味内容を明確にする場合もあります。

事例

　A君は、X社のスマホアプリを利用しているが、利用規約で定められ

ている料金の支払いを 2 カ月間忘れてしまっていた。A 君は、スマホアプリに多額の課金をしてポイントを購入しているため、ポイントが消えてしまうことが心配になり、利用規約を確認した。

> ルール X 社は、利用者が毎月○日までに利用料金を支払わない場合、当社が適当と判断する措置を執ることができます。

＜効果＞
当社が適当と判断する措置を執ることができる。
＜要件＞
利用者が毎月○日までに利用料金を支払わないこと

　要件を確認すると、「利用者」である A 君は、利用料金の支払いを 2 カ月間忘れてしまっているため、「毎月○日までに利用料金を支払わないこと」に当たります。

　そのため、A 君は、要件を満たすことを争うことはできません。X 社は、「当社が適当と判断する措置」を執ることができるようになります。

　ただし、「当社が適当と判断する措置」とは不明確であるため、解釈が必要です。

　A 君としては、課金して購入したポイントを消すことはできないという解釈に基づいて主張することになります。

　このように、効果を解釈する場合もあります。ただし、効果はある程度具体的に定められることが多いため、要件に比べると解釈する場面は多くありません。

POINT

・効果を解釈する場合もある。
・要件を解釈する場面に比べると多くはない。

PART 3　ルールを解釈する　　113

column
効果はわかりやすく

　効果には、ルールによって何が起こるのかが定められます。効果が不明確である場合、解決の指針としてルールが役立たないことになってしまうため、効果にはある程度の具体性が求められるといえます。

　このため、契約書などを作成する場合には、効果が解決指針として役立つ程度に具体的かという点を確認するとよいです。

3 ルールの効果を読み解く

　全てのルールが効果についてはっきりと書いてあるものばかりではありません。ルールの効果が何であるのかを理解するために、ルールを解釈する必要がある場合もあります。

　多くのルールは、「○○の場合、××とする。」のように、定められています。そのため、××を見れば効果がわかります。しかし、一部のルールについては、そのような構造になっていないため、効果が何かがはっきりと書いていないことがあります。この場合には、他のルールをふまえて効果が何であるのかを読み解く必要があります。

事例

　A君、Bさん、Cさん、D君、E君の5人の班では班長を選ぶことになり、A君とBさんが班長に立候補した。

> ルール
> ①班会議で出席者の過半数から賛成された者が班長になる。
> ②班会議では、班員の3分の2以上が出席しなければならない。

　ルール①に従い、班の会議が行われた。ところが、会議には、D君、E君が出席しなかった。とりあえず、A君、Bさん、Cさんで選挙したところ、A君1票、Bさん2票で、Bさんが選ばれた。このため、Bさんは過

半数の賛成を得たため、自分が班長になったとして先生に報告しようとした。しかし、A君は、会議がルール②に違反しているため、Bさんが班長になったわけではないと言う。

【ルール①】
＜効果＞
班長になる。
＜要件＞
班会議において出席者の過半数が賛成すること

　上記のとおり、ルール①の要件・効果についてはA君、Bさんで特に争いはありません。しかし、ルール②については、言い分が異なります。

【A君の言い分】
　ルール②では「班会議では、班員の3分の2以上が出席しなければならない。」と定められている。そのため、5人のうち4人が出席しなければならないにもかかわらず、会議では、D君、E君が出席せず、5人のうち3人しか出席していない。そのため、決議は無効である。

【Bさんの言い分】
　確かに、ルール②には、A君が言うようなルールが定められている。しかし、ルール②には、「選挙を無効とする」などと定められているわけではないから、選挙を無効にするという効果が生じるわけではない。

　A君とBさんの間では、ルール②の効果の内容のとらえ方に違いがあるようです。この班で行われた班長の選任は、「班会議では、班員の3分の2以上が出席しなければならない。」というルールに違反したものとなっています。この場合に、どのような効果が生じるのかが、ルール②に

PART 3　ルールを解釈する　　**115**

は特に定められていません。

　そこで、ルール②を解釈してこれに違反した場合の効果を明らかにする必要があります。

【A君のルール②の解釈】

　ルール②の趣旨は、班で意思決定をする際には、班員が意思決定に関与する機会を確保したうえで、班員の意思を反映させることにある。すると、ルール②に違反した場合には、これが実現できないこととなってしまう。そこで、ルール②に違反した場合には、端的に無効と解釈することが適切である。

【A君の解釈】

＜効果＞

不明（ルール②の文言上、明らかではない）

　解釈→班会議の決議が無効になる

＜要件＞

班員の3分の2以上が出席しなかったこと

【Bさんのルール②の解釈】

　ルール②の趣旨は、班で意思決定をする際には、班員が意思決定に関与する機会を確保したうえで、班員の意思を反映させることにある。しかし、常に3分の2以上の出席を必要とすれば、一部の班員が参加しないことにより何も決定できないこととなってしまうため、不合理である。そこで、ルール②の効果は、無効と解するべきではなく、あくまで3分の2の出席を確保するように努力することが定められているに過ぎないと解釈するべきである。

【B さんの解釈】

＜効果＞

不明（ルール②の文言上、明らかではない）

　解釈→効果は特になし（決議を無効にする効果はない）

＜要件＞

班員の３分の２以上が出席しなかったこと

　このケースのように、効果は明確に記載されていない場合があります。このため、ルールの効果がわかりづらい場合があります。

　ルールの趣旨や他のルールとの関係をふまえて、どのような効果を持つのかを解釈しなければなりません。

POINT

・一部のルールについては、「○○の場合、××とする」という構造になっていないため、効果が何かがはっきりと書いていないことがある。

・この場合には、ルールの趣旨や他のルールをふまえて、効果が何であるのかを読み解く必要がある。

column
文言が不明確にならないようなルールにする

　これまで見てきたように、ルールの文言が不明確であれば、それを解釈していく必要があります。解釈は、文言には書いていないことを読み解く作業であるため、可能であれば、行わずに済ませられることが一番です。

　しかし、ビジネスで用いられる契約書を見ると、特に法務部門がない会社の契約書などには、文言が不明確なものが多くみられま

す。不明確な文言では契約書を締結した意味さえなくなってしまう場合があります。

　例えば、「甲は、乙に対し、必要がある場合、立ち入り検査することができる」という契約条項があったとします。立ち入り検査があれば、他人が会社内に入ってくるため、乙としては、負担がある程度大きいものといえます。すると、甲乙間で利害が対立する場面が想定されます。

　立ち入り検査の要件を見ると、「必要がある場合」としか規定されていません。「必要がある場合」とはどのような場合であるのか、通常、読み解くことは困難ではないでしょうか。そこで、「必要がある場合」には、ある程度の例示をし、「乙が本契約上の義務に違反した場合、又は義務に違反する合理的なおそれがある場合、その他これに準じる合理的な必要がある場合」などとすることなどが考えられます。

SECTION 04　ルールを解釈する場面②（結論が妥当でない）

1　要件を広げる

　これまでは文言が不明確である場合でしたが、文言が明確であっても解釈をする場面があります。

　その一つとして、要件の本来の言葉の意義が狭すぎるため、求める結論を導き出せない場合に、その要件が持つ意味を広くとらえる解釈方法があります。

> 事例

　X氏は、ある施設を管理しており、携帯電話による通話は、他の施設利

用者の迷惑になるため、禁止していた。X氏は、その施設内でY氏がスマートウォッチ（スマートフォンと同様の通話機能や、アプリを利用する機能を持った腕時計）で通話しているのを見つけた。他の施設利用者の迷惑になるおそれがあると思い、これを止めてほしいとY氏に伝えた。Y氏は、これに応じないとした。X氏は次のルールを使うことにした。

> **ルール** 施設管理者は、本施設利用者が携帯電話による通話をした場合、本施設利用者に退去を求めることができます。

まずはルールを分析します。

＜効果＞

本施設利用者に対して退去を求めることができる。

＜要件＞

ア　施設管理者であること

イ　本施設利用者が携帯電話による通話をしたこと

【要件を満たすか】

　要件アについては、X氏が施設を管理する者であるため、「施設管理者」といえます。要件イについては、「携帯電話による通話」という文言には、腕時計であるスマートウォッチによる通話は含まれないと思われます。そのため、要件イは満たされないということになってしまいます。

　ところが、X氏としては、他にスマートウォッチの使用を禁止することができるようなルールが見当たらないため、このルールに頼らざるを得ません。このまま、Y氏の通話を放置してしまえば、携帯電話での通話を禁止したことと同じ不都合が生じてしまうかもしれません。そこで、「携帯電話」という文言を広く解釈して、スマートウォッチを含むように解釈することになります。

【X氏の解釈】

　　ルールの趣旨は、携帯電話による通話で発せられる声などにより周囲の人が迷惑と感じる場合があるため、これを禁止するものである。このような趣旨は、必ずしも「携帯電話」に限定されるものではなく、通話の機能を持ったものであれば、同様に生じるものである。とすれば、「携帯電話」というのは、通話機能を持った機器一般を意味すると解釈するべきである。

＜効果＞

本施設利用者に対して退去を求めることができる。

＜要件＞

ア　施設管理者であること

イ　本施設利用者が携帯電話（通話機能を持った機器一般）による通話をしたこと

　　このように、**要件の文言を本来の語義よりも広げる**ことによって、ルールを適用する手法があります。

　　このような解釈を**拡張解釈**といいます。

> **POINT**
>
> ・言葉通りの意味では、要件が満たされず、ルールが適用できないこととなり、妥当な結論が導けない場合がある。
> ・このときには、要件の文言よりも、意味を広げた解釈をすることにより、ルールを適用させる解釈をすることを検討する（拡張解釈）。

2 要件を狭める

　前の事例では、ルールを適用させるために、要件を広く解釈しました。

　この反対として、要件の本来の言葉の意義が広すぎるため、ルールが適

用されてしまう結果、求めていない効果が生じてしまう場合には、その要件が持つ意味を限定して狭くする解釈方法があります。

事例

　ある公園では様々な人が利用することから、自転車等の乗り物で乗り入れると他の利用者に衝突するおそれがあるため、乗り物での乗り入れは禁止されている。Ｘ家族が自転車で乗り入れたことについて、Ａ君は、ルールに違反するのではないかと考えた。Ｂさんも確かにそうだと思った。しかし、ふと横を見ると、ベビーカーを乗り入れているＹ家族や、補助輪付き自転車・三輪車に乗っている子を連れているＺ家族なども目に留まった。これらのベビーカー、補助輪付き自転車、三輪車などは「乗り物」に含まれるとしてルールが適用されるとすれば、ちょっと違和感があると思った。

> ルール
> 利用者が次の行為をした場合、以後、本公園を利用することができないものとします。
> ・乗り物の乗り入れ

＜効果＞

今後、本公園を利用できない。

＜要件＞

・利用者であること

・乗り物の乗り入れをしたこと

　「乗り物」といえば、人が乗って移動するものを意味することになります。そうすると、自転車や、補助輪付き自転車、三輪車、ベビーカーなども一応は、「乗り物」に含まれるといえることになります。このような乗り物に乗る子供も利用者であることには変わりはないと思われますので、形式的には、ルールが適用されてしまうことになりそうです。

　しかし、例えばベビーカーであれば、危険性という観点では、自転車な

PART 3　ルールを解釈する　**121**

どとはかなり違うとも思われます。そうであるにもかかわらず、ベビーカーなども乗り入れを禁止するというのはちょっと違うという考えもあると思います。

そこで、このような場合には、「乗り物」の意味を狭くとらえ、ベビーカーなどは含まれないというように解釈することになります。

【A君の解釈】

本ルールで乗り物による乗り入れが禁止されている趣旨は、乗り物はスピードが出るため、そのような乗り物で乗り入れることにより、他の利用者と衝突するおそれがあるので、これを防止することである。とすれば、このような危険性がない乗り物については、乗り入れを禁止する必要はないといえる。

また、人が乗るものであっても、その人の移動手段として必要な乗り物である場合、そのような乗り物での乗り入れまで禁止すれば、そのような人が公園を利用できなくなり、不都合である。

以上から、「乗り物」は、「人が移動のために乗るものである。ただし、周囲に危険を与えるおそれが低い乗り物や、移動そのもののために乗り物に乗る必要性が高い乗り物は除く」と解釈できる。

これをふまえると、ベビーカーは、保護者の管理のもとで使用されるものであり、かつスピードが出るものでもないので、周りに危険を及ぼす可能性は低いものですし、乳幼児を運ぶために乳幼児を乗せる必要が高いため、「乗り物」には含まれません。三輪車についても、スピードが出るものではないので、危険性が乏しく、「乗り物」には含まれません。補助輪付き自転車については、通常の自転車と同様のスピードを出すことができるため、危険性があるといえます。また、補助輪付き自転車に乗らなければ移動できないということはないため、移動そのもののために補助輪付き自転車に乗る必要もありません。そのため、補助輪付き自転車は、「乗り

物」に含まれます。

　以上から、ベビーカー、三輪車については、要件を満たさないため、今後も公園を利用できないことはないと思われます。一方、補助輪付き自転車については、要件を満たすと判断され、そのような効果が生じるおそれがあるかもしれません。

【A君の解釈】

＜効果＞

今後、本公園を利用できない。

＜要件＞

・利用者であること

・乗り物（人が移動のために乗るものである。ただし、周囲に危険を与えるおそれが低い乗り物や、移動そのもののために乗り物に乗る必要性が高い乗り物は除く）の乗り入れをしたこと

　このように、**要件の文言を本来の語義よりも狭める**ことによって、ルールの適用を回避する手法があります。このような解釈を**縮小解釈**といいます。

POINT

・言葉通りの意味では、要件が満たされ、ルールが適用されてしまうこととなり、妥当な結論が導けない場合がある。

・このときには、要件の文言よりも、意味を狭めた解釈をすることにより、ルールを適用させる解釈をすることを検討する（縮小解釈）。

PART 3　ルールを解釈する　　**123**

3 要件を増やす・減らす

　ルールに本来定められるべき要件が定められていないために、ルールが適用されて、求めていない効果が生じてしまう場合には、前の例で見たように、要件を狭める方法が検討されます。しかし、要件を狭める解釈が難しい場合には、本来求められるべき要件を増やす・減らすなどしルールが適用されないようにする解釈方法があります。

事例

　Bさんが学級文庫から本を借りていたところ、その日に急な体調不良で早退し、学級文庫に本を返却できなかった。Bさんは、次の日、本を返却できなかったため、次のルールを見て、以後、本を借りることができなくなるのではないかと心配した。

　A君は、Bさんが返せなかったのは体調不良で早退してしまったという仕方がない理由であるため、Bさんが今後、本を借りられなくなるのはおかしいと思った。

ルール	借りた本を借りた日に棚に返却しない場合、以後、本を借りることはできないこととします。

【ルールの分析】

＜効果＞

本を借りることができなくなる。

＜要件＞

借りた本を借りた日に返却しないこと

　ルールをそのまま読めば、Bさんは、借りた本を借りた日に棚に返却していないため、以後、本を借りることができないという効果が生じてしまうとも思われます。しかし、Bさんは、体調不良によって早退したため、返却できなかっただけであり、そのような場合にまで、このルールによっ

て本を借りることができない、とするのもよくないとも思われます。

　そこで、このような場合にまで本を借りることができない結果を生じさせないように、解釈をする必要があります。

　そこで、前回見たような縮小解釈ができるかというと、「借りた本を借りた日に返却しないこと」という要件にはどう見ても当たってしまいます。この要件を縮小解釈して要件が満たされないという主張は難しいといえます。そこで、要件としては書いていない別の要件を増やすという解釈をすることになります。

　A君は、Bさんのために次のように考えました。

　ルールの趣旨は、借りた本をきちんと返さなかった人に対して、今後、本を借りることができないという不利益を与えることにより、借りた本を返すというルールをきちんと守らせることにある。やむを得ない理由により返すことができなかった人まで、今後、本を借りることができなくなるのは不都合であるし、このような場合に例外的に本を借りることができるとしても、借りた本を返さなくなるなどのルール無視の風潮が広がることはない。

　以上から、返却できなかったときでも、「返却できなかったことがやむを得ない場合」にはこれからも借りることができると解釈できる。

【A君の解釈の結果】
＜効果＞
本を借りることができなくなる。
＜要件＞
・借りた本を借りた日に返却しないこと
・（新たな要件）「返却できなかったことがやむを得ない場合」ではないこと

このように、要件を狭める解釈が難しい場合には、新たな要件を追加して、ルールが適用されないように解釈することができます。

> **POINT**
> ・ルール通りの文言をふまえると、要件が全て満たされてしまい、妥当な結論にならない場合がある。
> ・このような場合には、新たな要件を追加する手法が考えられる。

SECTION 05 ルールを解釈する場面③（ルールが存在しない）

ルールに従う限り、ルールに定めがないことについては、何も求めることができないのが原則です。そのため、ある効果を求めたいと思ったとしても、その要件を満たさない限り、何も主張することができないということになります。

しかし、本来、あるべきルールが用意されておらず、そのようなルールがないことにより、妥当な結論を導くことができない場合には、書いていないルールを解釈により導く場合があります。

その手法として、反対解釈・類推解釈などの手法があります。

これらの手法は、新たなルールを解釈によって作り出すことと同じであるため、非常に例外的なケースといえます。

1 反対解釈

反対解釈とは、ルールに書いていないルールを作り出す手法の一つです。

事例

次のような場合、どのように考えればよいか。

ルール	遠足のときは、お昼休みとバス移動のときに、おやつを食べることができる。

　A君は、バス移動前の待機時間中におやつを食べました。Bさんは、これがルール違反だと考えましたが、A君は、ルール違反ではないと考えました。

　A君の言い分は次のとおりです。

　ルールには、「お昼休みとバス移動のときに、おやつを食べることができる」と書いてあるだけである。おやつを食べることを禁止することはどこにも書いていない。だから、バス移動前の待機時間中におやつを食べても問題ない。

　Bさんの言い分は次のとおりです。

　「お昼休みとバス移動のときに、おやつを食べることができる」というルールには、おやつを食べてよい時間帯が全て書いてあるはずである。ルールには、「お昼休みとバス移動」だけしかおやつを食べてよい時間帯が示されていない。そのため、「お昼休みとバス移動のとき」以外には、「おやつを食べることができない」はずである。

　だから、A君が「お昼休みとバス移動」のどちらでもないバス移動前の待機時間中におやつを食べたことは、ルール違反である。

　Bさんの言い分のような読み解き方を**反対解釈**といいます。ルールには必要なことが漏らさず書いているのであるから、ルールに書いていないことについては、ルールで定められたものとは反対の結果が生じるというものです。反対解釈は常に可能であるわけではありませんので、注意が必要です。

次の例を見てみましょう。

事例

A君は、遠足に流行りのおもちゃを持って来た。

> ルール
>
> **遠足に、次のものは持って来てはいけません。**
> **・400円以上のおやつ**
> **・交通費以外の現金**

Bさんは、遠足にはおもちゃを持って来ることは許されるのだろうか、と疑問に思いました。そこで、Bさんは、A君に、「『おもちゃを持って来てよい』というルールがあるの？」と聞きました。A君は、自信満々に、次のような反対解釈ができると言いました。

ルールに書いてある「次のもの」の中に、おもちゃが書かれていない。そのため、「次のもの」以外のものについては、「持って来てはいけない」のではなく、「持って来てよい」と反対解釈できる。したがって、僕がおもちゃを持って来ることは、このルールによって許される。

確かにそうかも……とBさんは思いましたが、ちょっと変だとも思いました。

Bさんの直感どおり、反対解釈ができない場合もあります。反対解釈が許されるのは、「Xの場合、Yである」というルールが、「Xの場合（に限り）、Yである」というとき（XがYの必要十分条件であるとき）だけです。そのため、Yになる場合として、X以外の例が考えられるのであれば（XがYの必要十分条件でないのであれば）、反対解釈ができないことになります。

Bさんはこれを理解して、次のようにA君に言いました。

このルールには「次のもの」として「持って来てはいけないもの」が定

128

められている。しかし、このルールには、「持って来てはいけないもの」の全てが書いてあるわけではない。このルールでは、「持って来てはいけないもの」の具体例を示しているに過ぎないのであって、「持って来てはいけないもの」は、ここに書いてあるもの以外のものもある。そのため、このルールでは、A君の言うような反対解釈はできない。したがって、「このルールによっておもちゃを持って来ることが許される」とは言えない。

　このように、要件を限定して定めているのか、限定していないのかによって、反対解釈を取ることができるかどうかは異なります。反対解釈を検討する場合には、このような点もふまえて、本当に反対解釈ができるだろうか、と考えることが必要です。

　反対解釈ができれば、都合のよい解釈を導きやすいため、安易に主張されてしまうおそれがあります。

　しかし、反対解釈は、書いていないルールを作り出してしまう解釈手法であるため、簡単に認められるものではありません。反対解釈を認めるためには、相当な説明が必要です。

●参考事例1

> 事例
>
> 　A君は、Bさん、Cさん、D君と花火をしたいと思った。適当な場所が近くの公園しかなかったが、そこの公園でボール遊びをしていたところ、注意されたことがあったので、花火はよいのだろうかと思い、ルールを見てみた。
>
> 　A君は、花火をすることができるでしょうか。A君の立場で花火をすることができるという結論を導いてください。

PART 3　ルールを解釈する　　**129**

> ルール
>
> この公園では、以下をしてはならない。
> ①自転車の乗り回し
> ②ボールを用いた遊び
> ③ペットの放し飼い
> ④キャンプ等の宿泊行為
> ⑤ラジコン飛行機やドローン等の使用
> ⑥ハトその他動物への餌やり
> ⑦喫煙
> ⑧植物の伐採
> ⑨ごみの放置

　この場合には反対解釈を検討することになります。特に花火をしてよいとは書いてありませんが、「以下をしてはならない」と定められた中に、「花火」がないので、花火は禁止する趣旨ではないと解釈できるという説明がありえます。

　ただし、このような反対解釈が正しいかはルールの趣旨を踏まえて検討しなければなりません。①から⑨の行為を特に禁止しているに過ぎず、それ以外の行為を許す趣旨ではないかもしれないからです。

　とはいえ、ルールを見ると、それなりに細かく定められています。すると、花火を行うことも禁止することはできたのではないか、禁止していないということは許すという趣旨ではないかと考えることもできるかもしれません。また、花火のような火を用いた行為を禁止することもできる中で、あえて⑦喫煙のみを禁止していることからすれば、花火を禁止する趣旨ではないのではないかとも思われます。

POINT

・ルールに書いていないルールを作り出す解釈手法がある。
・その一つとして、反対解釈がある。
・反対解釈は簡単には認められない。

2 類推解釈

反対解釈と同じように、書いていないルールを作り出す解釈手法として、類推解釈があります。

事例

A君は、教室を走り回った。

> **ルール** 廊下を走った者は、居残り掃除をしなければならない。

Bさんは、A君に、教室内を走り回ることは危険だからルール違反だといった。A君は、次のように反論した。

廊下を走ることを禁止するルールはある。しかし、教室は明らかに「廊下」ではない。このほかにも教室内を走ってはいけないルールはない。だから、教室内を走る行為は、ルール違反ではない。

確かに、「教室」は、「廊下」ではないため、「教室」を走ってはいけないというルールは存在しないともいえます。

しかし、教室内を走る行為は、廊下を走る行為と同じくらい危ないものです。そこで、「廊下」という言葉に「教室内」も含めるように、前述のような拡張解釈をすることができないかを検討することになります。しかし、さすがに「廊下」と「教室内」は言葉の意味として同じというには無理があります。このため、「廊下を走ってはならない」というルールから「教室内を走ってはならない」というルールを解釈することは難しいと言わざるを得ません。

このような場合には、**類推解釈**という手法を使って、新たなルールを作ることが考えられます。類推解釈とは、似たルールの趣旨をふまえて、その趣旨の背景には別のルールがあるものと解釈して、別のルールを適用するものです。例えば、「廊下を走ってはならない」というルールを類推解釈して、教室で走ることも禁止する場合には、次のような説明が考えられ

PART 3　ルールを解釈する　**131**

ます。

　廊下を走ってはならないという規定の趣旨は、走り回ることにより衝突するなどの危険があるため、これを防止することにある。このような趣旨は、必ずしも廊下に限らずに、教室など校舎内であれば及ぶ。とすれば、「廊下を走ってはならない」というルールの趣旨から、「校舎内を走ってはならない」という別のルールを類推して読み出すことができる。

　このように、既存のルールの趣旨などから、別の書いていないルールを解釈する手法が類推解釈です。
　このような解釈になるとほとんど新たなルールを作っていることと同じようになってしまうため、このような解釈は、容易に認められるものではありません。相当な説明が必要になります。

POINT

- ルールに書いていないルールを作り出す解釈手法がある。
- その一つとして、類推解釈がある。
- 類推解釈は新たなルールを作るような解釈であり、簡単には認められない。

---

column

拡張解釈と類推解釈の違い

　拡張解釈は、ルールの文言の意味を広く解釈する方法です。そのため、既存のルールを前提にしており、別のルールを解釈により導くものではありません。
　一方で、類推解釈は、ルールの文言の意味を広く解することでは

解決できない場合に、そのルールの趣旨をふまえて、別のルールを読み出す方法です。

　両者の違いが大きく表れるのは、刑法における、類推解釈の禁止という原則です。刑法では、拡張解釈は禁止されませんが、類推解釈は禁止されています。刑法は、人の行為に対する罪を定める法律であるため、どのような行為が罪になるのかが明確である必要があります。類推解釈は、新たなルールを作るのと同様の解釈手法であるため、このような解釈が刑法で許されることになれば、何が犯罪であるのかが不明確になり、濫用の危険が高まってしまうといえます。このように、類推解釈は慎重に行われるべきである、という価値判断が存在することがわかります。

SECTION 06 ルールを解釈する場面④（他のルールとの関係が明らかでない）

　ある問題が生じたときに複数のルールを適用できることがあります。このときに、どちらを使えばよいのかが明らかではない場合や、それぞれの結果が矛盾する場合などがあります。このような場合に、それぞれのルールの関係を明らかにする必要があります。

事例

　A君のクラスでは、授業中でも、授業中でなくても、討論がされることがある。ある日、授業中に討論がされた。他の人から意見が出なかったため、A君は、意見を述べたいと思った。そこで、挙手をして指名を待ったが、待つことなく発言できるのではないかと思った。

ル	①討論の時間中は、挙手をして、議長から指名を受けた後に、発言することができる。
I	②授業中は、他の人が発言をしていない場合、挙手をしていつでも発言することができる。
ル	

　A君が発言したいと思ったのは、授業中であり、かつ、討論中です。そのため、形式的には、ルール①も、ルール②も適用されるように見えます。ただし、ルール①とルール②の要件が異なりますので、どちらのルールに基づいて発言するべきであるのかが不明確であるといえます。

　そこで、ルール①とルール②の適用の関係を解釈により明らかにする必要があります。

　A君のクラスでは、次のように考え、ルール①がルール②に優先して適用されることになりました。このため、授業の時間中であっても、討論の時間中は、議長の指名が必要となりました。

　討論の最中に指名を受けることを要件としているのは、討論の進行を整理し、円滑に討論を進行することを趣旨とする。一方で、授業中にこのような要件を定めていないのは、広く意見や質問を募集し、授業の深度を深めることを趣旨とする。授業中には、討論のように意見や質問が数多くされることはないため、発言を自由にすることができるとしても特段の不都合はない。

　以上をふまえると、討論の時間中は、授業の時間であるかどうかにかかわらず、発言するための要件を特に定めたものといえる。したがって、ルール①がルール②に優先して適用される。

　このように、ルールとルールの関係が明らかではない場合にも解釈により、その関係を明らかにすることが必要になります。その際には、それぞ

れのルールの趣旨などの解釈の手がかりから検討していくことになります。

> **POINT**
> ・ある問題が生じたときに複数のルールが適用できることがある。
> ・この場合、どちらを使えばよいのかが明らかではないことや、それぞれの結果が矛盾することがある。
> ・解釈により、ルールとルールの関係を明らかにする。

SECTION 07 まとめ

　ルールの文言どおりでは、ルールが適用されるのかどうかが不明確である場合や、自分の求める結果を導くことができない不都合な結果を生じる場合があります。
　そこでこのような場合には、ルールには書いていないことについて、ルールを読み解き、書かれていないことを定めていくことがあります。これを解釈といいます。

　解釈をする際には、まずは要件・効果を確認して、どの文言を解釈するべきであるのかを特定します。これはPART 2で見たとおりです。そのうえで、条文の文言・趣旨・常識・他のルールとの関係をふまえて、その文言を解釈します。これはPART 1で見たとおりです。
　①文言が不明確な場合、②結論が妥当でない場合、③導くべき結論を導くルールが存在しない場合、④他のルールとの関係が明らかでない場合、に解釈が求められます。

　このような解釈は、ルールに書いていないことを定めていく作業である

ため、ルールの文言から離れてしまうおそれが大きいといえます。

　そのため、解釈は容易に認められるものではなく、妥当な解釈といえるのかどうかを常にチェックすることが重要です。

PART

4

バナナを持って来た
／持って来ていない

SECTION 01 イントロダクション

　PART 1 では、ルールに定められる文言の解釈の仕方

　PART 2 では、ルールの要件・効果とその使い方

　PART 3 では、ルールを解釈して自分の求める結果を導く方法

を見てきました。

　これらによって、ルールをどのように読めばよいのか、ルールによって妥当な結果にならない場合にはどうすればよいのか、を説明してきました。

　これまでの事例では、「A 君がバナナ 1 本を持って来た」「A 君が B さんのテストの点数を C 君に教えた」などのように、何があったのかがはっきりとわかっていることを前提としていました。

　しかし、実際にトラブルが生じている場合、このように何があったのかがはっきりとしない場合もあります。例えば、「A 君がバナナ 1 本を持って来た」と言っても、A 君は、「いや、持って来ていない。それは勘違いだ」というかもしれませんし、「A 君に貸した消しゴムを返してもらえない」と言っても、「いや、返す約束はしていない。あげると言われたものだ」などのように言うかもしれません。

　このように人と人との間の言い分が違う場合にこそ、トラブルが大きくなり、そもそもルールの解釈も争われるといった事態に陥ることが非常に多いといえます。

　これはビジネス上の取引でも同様です。裁判になるようなケースの多くは、このように当事者が主張する事実が食い違うものです。

　そのため、ルールを作る際には、このようなトラブルが生じる場面を想定してルールを作ることが重要になるといえますし、作られたルールを運用する場合には、このようなトラブルになることを防ぐための方法をとる必要があるといえます。

SECTION 02 何があったのかを定める（事実の認定）

事例

　遠足とは異なり、社会科見学では食べ物を持って来ることは許されていない。ところが、Bさん、Cさんは、A君が社会科見学中にバナナを食べていたと先生に伝えた。先生がA君に聞いてみると、A君は、「バナナは持って来ていない」という。先生がA君の荷物を確認したところ、バナナは入っていなかった。しかし、A君の持ち物には、バナナの皮・バナナ1本を買ったレシートが入っていた。

> **ルール** 社会科見学では、食べ物を持って来てはいけない。

　このように、ある事実があったのかどうかが、関係者によって全然違うということは、紛争になる事例では非常に多くあります。裁判になっている紛争のほぼ全てにおいて、当事者間で事実の認識に相違があります。

　何があったのかという**事実がよくわからないケースでは、どのルールが適用されるのかがはっきりしません**。ルールの使い方は、PART 1からPART 3までで見てきたように、要件・効果を分析したうえで、要件に当たる事実があるかどうかを確認していく作業です。何が事実であるのかが曖昧であれば、要件を満たすかどうかを判断することができません。

　先生が確認した時にはA君がバナナを持っていなかったので、先生は、自分でA君がバナナを持って来ていたことを確認できません。では、「A君がバナナを持って来たかどうか」はどのように確定していけばよいでしょうか。先生は、A君の持ち物を調べてみたり、Bさん、Cさんなどの話を聞いてみたりすることによって、A君がバナナを持って来たことがほぼ間違いないということができるかもしれません。

　この場合、A君が持っている持ち物や、Bさん、Cさんの話などが、A君がバナナを持って来たかどうかの手がかりになります。このような手が

PART 4　バナナを持って来た／持って来ていない　**139**

かりを**証拠**といいます。

　そして、証拠に基づいて、何があったのかを確定させる作業を**事実認定**といいます。

事例（続き）

　先生は、次の事実があることから、A君がバナナを持ってきたと判断した。

・A君のバッグに1本分のバナナの皮が入っていた。

・A君の口元にバナナの繊維がついていた。

・BさんとCさんは、「A君が休憩中にバッグからバナナを取り出して食べていました」と言った。

・D君は、「A君と一緒にバナナを食べました。すみません」と言った。

　実際にトラブルになる事例では、当事者の言い分が真っ向から対立することもあります。A君が、

　①口元についているバナナの繊維は朝、家で食べたものだ。

　②カバンに入っていたバナナの皮は、前日の塾の帰りに買って食べたバナナの皮だ。

　③Bさん、Cさん、D君は僕と喧嘩しているから、僕に不利になるように嘘をついている。

などといえば、真実が何かを判断することは非常に難しくなります。

　PART1からPART3までは主に、以下の大前提をどのように決めるかについて見てきました。事実があるのかないのかという問題は、大前提が決まっているうえで、小前提に当たる事実の存在や内容に着目するものです。

大前提（ルールの内容）：食べ物を持って来てはならない。

小前提（事実）：A君がバナナを持って来た（？）

結論：ルールに違反（？）

140

POINT

- ルールを適用する前提となる事実の認識に相違があることもある。
- 何があったのかという事実を確定させないとルールを適用できない。
- 証拠に基づいて、事実を確定する作業を事実認定という。

SECTION 03 ルールを使うなら証明しろ（立証責任）

　日常生活でもビジネス上でも、トラブルが生じ、誰かに何かを請求する場合には、相手方の言い分を想定しておく必要があります。

　前のバナナの例のように、当事者の言い分が異なれば、何が真実であるのかを判断することが非常に難しい場合があるからです。

　両当事者の言い分が異なる場合、どちらにも何らかの言い分があるはずなので、それを聞いていると、どちらもなくはない……と思われるケースもありえます。

　このようなケースでも、裁判官は、「よくわからないのでノーカウント」とはいえません。スポーツでは、審判が判断できなかった場合には、「ノーカウント」などの措置が執られることがありますが、裁判ではこれがなされません。

　日本の民事裁判では、**立証責任**という概念があります。簡単に言えば、要件に当たる事実を立証できなければ、自らに有利な効果が認められなくなってしまうという不利益を負うことになる、というものです。これにより、**あるルール（条文）を適用してほしいと主張するのであれば、主張する側がそのルールの要件に当たる事実を立証しなければならない**、ということになります。

　PART 2 で見たように、ルールは要件・効果に分析でき、要件①、要件

②、要件③……と複数あるだけでなく、他のルールに要件が定められている場合もあります。このような要件に該当する事実があることを、そのルールの効果を求める側が立証しなければならないことになります[1]。

　仮に、ルールの適用を求める側が、その要件となる事実を立証できなければ、裁判官は、そのルールを適用しないことになります。立証できればルールが適用されるので、効果が発生し、立証できなければルールが適用されないので、効果が発生しないことになります。

　このような立証責任があるため、ルールの適用を求める側は、一生懸命、自分が求めるルールの要件に当たる事実を立証しようとします。これが立証できなければ、自分が求めるルールを適用してもらえなくなってしまうからです。

　反対に、その相手方は、一生懸命、そのような立証が成功しないようにします。立証の不自然さを突く、別の事実を証明する、などをすることになります。

　また、立証責任があるため、裁判官は、立証ができていればそのルールを適用する、立証ができていないのであればそのルールを適用しないと白黒つけることができるので、「ノーカウント」がされることはありません。

■要件となる事実を立証できない場合

要件①	→	A君が立証	
要件②	→	A君が立証	ルールが適用されない
要件③	→	A君の立証が失敗	→効果が生じない

---

[1]　立証責任における法律要件分類説といいます。ただし、条文に書いてある要件について適用を求める側に立証させることにすると不都合がある一部の条文については、立証する責任を相手方に課す場合もあります。そのため、常に要件の全てを立証しなければならないかといえば、そうではない場合があり得ます。

POINT

・基本的にルールの適用を求める側がルールの要件を満たす事実が
あることを立証しなければならない。
・立証ができなければ、そのルールが適用されない（効果が発生し
ない）。

column
立証とは？

　「立証する」とは、証明することです。証明といえば、中学校の
数学などで誰もが一度は見たことがあると思います。数学における
証明は、100％正しいことを示す必要が求められました。

　一方で、法律の世界では、過去にある出来事があったことが証明
の対象になるため、このような100％の証明は不可能です。

　では、どのようになれば証明できたといえるのかといえば、裁判
例があります。裁判例では、「訴訟上の因果関係の立証は、1点の
疑義も許されない自然科学的証明ではなく、経験則に照らして全証
拠を総合検討し、特定の事実が特定の結果発生を招来した関係を是
認しうる高度の蓋然性を証明することであり、その判定は、通常人
が疑を差し挟まない程度に真実性の確信を持ちうるものであること
を必要とし、かつ、それで足りるものである。」とされます（最高
裁判決昭和50年10月24日）。

　何やら難しい言い回しになっていますが、ある事実が100％あっ
たと証明するには至っていなかったとしても、通常の人が疑いを差
し挟まない程度（数字にすれば80パーセントくらいの確信などと
いわれることがあります）に確信できれば、立証されたと判断する
ことになります。そのくらいの確信を持たせるために、証拠などか
ら立証しなければならないですし、反対に言えば、それで十分であ

PART 4　バナナを持って来た／持って来ていない　　**143**

るということです。

SECTION 04　どのように立証するか

　立証するとはいっても、どのような証拠があればよいのか、という点が疑問になることと思います。日本の裁判では、〇〇という証拠があればよい、というルールがありません。では、どのように判断しているのかというと、裁判官の**自由な心証**により判断することになります（民事訴訟法247条）。もちろん、自由な心証とはいえ、全く何の制限もなく自由に判断できるわけではなく、一定の証拠は排除される場合がありますし、常識に明らかに反するような判断ができるわけでもありません。

　このように自由心証主義が採られているため、裁判を行う際には、ある事実があったと通常人が疑いを差し挟まない程度に納得できる立証をしなければならないこととなります。そのため裁判の当事者は、裁判を行う場合には、どのような証拠や、どのような事実があれば、要件があったと認めるかについてあれこれ考える必要があります。

　このような裁判官の判断を基礎づける重要なものは、**証拠**です。大きく分けて、以下に分類できます。

・人の供述／証言（映画などでよく見る、証人が話すものです。）
・物（文書や、画像、映像などのほか、形があるものであれば何でもよいです。）

　このような証拠を用いて、裁判官を納得させることが必要になります。

POINT

・どのような証拠があればよいのかは決まっていない。
・裁判官が自由な心証により判断する。

・どのような証拠があれば第三者である裁判官を納得させられるか
を考える必要がある。

---

column

人の証言などの供述は証拠になるか

人の証言などの供述も証拠になります。ただし、人の証言など供
述があればそれで事実が認定されるかというと、そうではありませ
ん。

供述は、記憶に間違いがある場合がありますし、事実を隠した
り、嘘をついたりすることも可能であるからです。

例えば、Xの訴訟で、X本人がXに有利なことを供述したとして
も、Xは裁判に勝ちたいと思っているので、事実を隠したり、嘘を
ついたりする可能性がありますし、自分の有利に物事を見てし
まって勘違いをしているかもしれないので、そのまま信用できるも
のではありません。

そこで、裁判では、人の証言などの供述が信用されて、供述だけ
で勝ち負けが決まるということはほとんどなく、客観的な他の証拠
や主張などとの整合性が慎重に検討されることになります。

SECTION
05 トラブルに備える

ビジネス上の取引においては、紛争に発展してしまうことを想定して、
文書などの記録による客観的な証拠を確保しておくことが重要な場合があ
ります。**客観的な証拠を確保していなかったことによって、当事者の言い
分が対立し、トラブルに発展するケースも少なくありません。**どんなに自
分の記憶上は明らかであっても、裁判官は、証拠をふまえて判断すること

になりますので、立証が難しくなるケースも非常に多いといえます。

　裁判などに発展する事案では、「こちらの認識と全く違う」と思われる
ような主張がされることも珍しくありません。相手方から思いがけない主
張がされることに備えて、**適切な証拠を確保しておく**ことが重要になりま
す。

　例えば、契約をしたにもかかわらず、「そのような契約はしていない」
と主張される可能性をふまえて、契約書を作成しておくことは非常に大切
といえます。また、合意した内容をきちんと書面に示していなかったため
に、口頭ベースで合意した内容とは全く異なる主張がされるケースなども
あります。合意した内容と相違がない適切な契約書を作成しておくという
点は、エビデンス確保の観点から非常に重要です。合意が追加されたり、
変更されたりした場合には、その度に合意書を作成することや、やり取り
をメールや文書などの客観的に残る方法で行うことなどが重要です。

　また、契約で定められた重要な義務を履行した場合（例えば、借りたお
金をきちんと返したなど）には、相手方から義務の履行を受けていないな
どの主張がされないように、重要な義務の履行を確認した旨の証拠資料
（領収証や送金記録など）を確保しておくことは非常に大切であるといえ
ます。

POINT

・客観的な証拠資料がないと立証が難しい場合がある。
・契約が成立したことや、重要な義務を履行したことなどは争いに
　ならないように証拠資料になるエビデンスを確保しておくことが
　重要である。

column

証拠になるもの・ならないもの？

　「○○は証拠になりますか」という質問を受けることがありますが、ほとんどのものは証拠にはなります。しかし、証拠として提出して意味があるものかどうか、その証拠で勝てるかどうかは全く別の問題です。

　例えば、「A君が遠足でバナナを食べていたこと」を証明したいという事例において、「A君が遠足に持って来たカバンに入っていたバナナの皮」は、証拠にはなります。

　しかし、そのバナナの皮があったとしても、「A君が遠足でバナナを食べていた」のかどうかは必ずしもはっきりしません。A君は、遠足よりも前に誤ってバナナの皮を入れてしまったのかもしれませんし、遠足にバナナを持って来ていたとしてもバナナを食べたのは別の人であるかもしれません。

　結局のところ、ある事実があるかどうかの判断は、証拠や主張に基づいてされるものであるため、バナナの皮があるからといっても、それだけで判断できることはなく、A君の言い分も聞いてみなければなりませんし、他にどのような証拠があるのかも検討しなければなりません。

SECTION
06 まとめ

　裁判になるようなトラブルは、「何があったのか」について、当事者間の認識が異なるものがほとんどです。

　つまり、要件・効果で分析される要件に該当する事実として、何があったのかが争いの対象になります。

PART 4　バナナを持って来た／持って来ていない　　**147**

このとき、自分に有利な条文を適用して欲しい場合には、（原則として）その要件に該当する事実を立証しなければ、判断権者である裁判官は、その条文を適用してくれないこととなります。

　そのため、トラブルに備えて、重要な事実については、証拠を残すようにしておくことが重要であるといえます。

　証拠になるものは、様々なものが考えられますが、人の供述よりも客観的な資料の方が証拠としての価値が大きいといえるので、可能な限り、このような証拠を残すようにしておくことが望ましいといえます。

PART
5

契約を
考える

SECTION 01 イントロダクション

　これまで、PART 1 から PART 4 は、ルールの読み方、使い方について説明してきました。ここまでの前提としては、既に決められたルールをどのように読むのか、使うのかというものが中心となっていました。

　しかし、ルールは使うばかりではなく、自分で作る場合があります。その典型が「契約」です。PART 5 では、ルールの読み方、使い方をふまえて、契約について見ていきたいと思います。

SECTION 02 契約とは

　契約とは、簡潔に言えば、**法的な約束**のことをいいます。こんな権利・義務を定めて、法的な拘束力を持たせましょうという約束です。契約が成立すると、当事者は、相手方に対して、契約で定めた権利・義務を得ます。

　例えば、店で物を買えば売買契約が成立するので、店は、買った人に対して物の引渡しをする義務等を負います。

　一方で、買った人は、代金の支払いをする義務等を負います[1]。また、無料で物をあげることを約束すれば、贈与契約が成立するので、あげた人は、もらった人に物を引き渡す義務等を負います[2]。

　これらの例からわかるように、私たちの生活は契約に囲まれているといえます。

---

[1]　このように、当事者の双方が対価的な債務を負う契約を双務契約といいます。
[2]　無料で物をあげる約束なので、もらった人は、代わりになる義務を負いません。このように、当事者の一方が対価的な債務を負わない契約を片務契約といいます。

150

POINT

・契約は、法的な約束である。
・契約が成立すると、当事者間に権利・義務が生じる。

SECTION 03 契約の成立

【起業したばかりの A 君の疑問】

契約書を作っていない場合には、契約は無効になってしまうのでしょうか。契約書を作っていても印鑑がない場合には、無効ですか。

契約の成立には、**当事者間の合意**が必要です。そのため、一方だけが「こんな権利にしたい」と思っても、相手がそれを了承していなければ契約によって権利が生まれることはありません。契約をする両当事者の間で意思が合致すること（合意）が必要です。

このような合意があれば、原則として、契約は、**契約書などの書面がなくても成立します**。「契約書はないのですが、契約は無効ですか」「契約書に印を押していないのですが、契約は無効ですか」などの相談を受けることがありますが、契約書や押印がなくても当事者間の合意さえあれば、契約は成立します[3]（民法 522 条 2 項）。

POINT

・契約が成立するためには、当事者間の意思の合致（合意）が必要である。

---

[3] 一部の契約には書面が必要とされます。例えば、保証契約（民法 446 条 2 項）などがあります。

PART 5 契約を考える **151**

> ```
> column
> ```
> **契約書がない場合に契約があったことを証明できるか**
>
> 　契約書がなくても契約は成立します。しかし、PART 4 で見たように、契約をしたことのエビデンスを確保するために、契約書を作成する必要性は大きいといえます。契約書がない場合には、相手に契約をした覚えはないと言われてしまえば、契約が成立していることを証明しなければならなくなります。とはいえ、契約書がない場合であっても、契約の成立や、その内容を立証することが不可能であるというわけではありません。PART 4 で見たように、ある事実があったかどうかは様々な証拠や主張をふまえて総合的に判断されます。そのため、契約書がない場合であっても、他の証拠関係などから、契約があったことや、その内容を立証することができないわけではありません。例えば、契約条件に関してやり取りされたメールやチャットツール等のログや、契約がされていなければしないはずの行動を当事者がとっていたこと等からどのような契約がされていたのかを立証していくことになります。
>
> 　とはいえ、このような証拠から立証が成功するかどうかは事案ごとといえますし、解決に時間がかかることになりますので、重要な契約には、契約書を作成しておくことをおすすめします。

SECTION 04　契約書の役割

【A 君の疑問】

　契約書がなくても契約が成立するのであれば、なぜ契約書を作成するのですか。

契約書を作成しなくても契約は成立します。実際に、契約書を作成しないで行われる契約も少なくありません（例えば、お店で物を買うときや、友人からの少額のお金の貸し借りでは、いちいち契約書を作成しません）。

　それでも、契約する際に、契約書を作成するのは、契約書が次のような点で役立ち、トラブルの予防、トラブルの解決に役立つからです。

①従うべきルールを明確にすること

　契約書には当事者が相手方に何を求めることができるのか、何をしなければならないのか、などのルールが定められます。話し合って合意したことであっても、時が経てば内容を忘れてしまうことがあるのは当然です。特にビジネス上の合意は複雑であることも多いため、どのような合意をしたのかを正確に覚えておくことには無理があります。

　また、合意したと思った場合であっても、口頭のコミュニケーションだけでは、相手方との間でその認識に違いがあるかもしれません。このように時間の経過やミスコミュニケーションにより、どのような合意をしたのかが不明確になれば、せっかく合意した内容が守られないおそれが生じます。

　そこで、契約書等の書面で合意の内容を残しておくことにより、合意した内容を記録することができますし、双方で内容を確認することになるのでミスコミュニケーションは起こりづらくなります。

　これにより、自分が何をすればよいか、何ができるのかを把握することができますし、相手方に何をしてもらえるのか、何をされるのかを予測することができます。トラブルが生じた場合には、相手方に対してルールに基づいて説得をしなければなりません。この場合のルールとは、法令や当事者間で交わした契約になります。このときに、契約書を交わしておけば、どのようなルールが当事者間で作られたのかが明確になるので、解決の指針になるルールが明確になります。

　このように、**従うべきルールを明確にすること**が契約書の役割の一つで

PART 5　契約を考える　　**153**

す。

②紛争を見据えた証拠化

　トラブルが生じた場合には、裁判手続きなどを活用する場合があります。裁判などの手続きでは、最終的な判断をするのは裁判官などの第三者です。このような第三者からすれば、当事者間でどのような契約がされたのかは、資料がなければ知る由もありません。

　契約書がなければ、どのような契約がされたのかについて立証することが困難となります。その場合、契約に基づいて正当に権利を主張したいと思ったとしても、契約がされたことやその内容を立証できずに、正当な権利の主張ができない結果に終わったり、紛争の解決に非常に長い時間がかかってしまったりします。

　これを防ぐために、当事者がどのような合意をしたのかをきちんと証拠化しておくことが必要になります。適切な契約書があれば、どのような契約がされたのかが第三者からも理解しやすく、**証拠として、自らの主張を根拠づけられること**になります。

　このために契約書を作ることになります。

POINT

・契約書を作らなくても契約は成立する。
・それでも①②などの理由から、契約書を作るべきである。
　①契約当事者が従うべきルールが明確になること
　②紛争が生じた場合の証拠にすることができること

column

契約交渉

契約に関するトラブルが非常に多いことをふまえると、契約書の重要性はどんなに強調してもしすぎることはありません。契約書を作ることや内容を適切なものにすることが重要であることは、間違いありません。

しかし、このような重要性が説かれるためか、**あまり想定されないリスクや、あまり実益のない規定なども盛り込んで不必要に長大な契約書になっている場合**も見られます。もちろん、契約の内容を可能な限り明確にしておくという姿勢は非常に重要であり、契約書を作っていないよりははるかに望ましい事態ではあります。しかし、不必要に長大な契約書は、無駄な契約交渉を生じてしまうこともあります。

また、契約交渉において、ついつい自分側に有利な契約にしようとして、**必要以上に有利な条項を盛り込んでしまっている場合**も見られます。これにより、本来であれば問題なく成立する予定であった取引を破談としてしまうケースや、相手方に不誠実な印象を与えてしまうケースもありえます。

円滑なビジネスの進展のためには、当事者の関係をふまえてあるべき契約を追及することが契約交渉の主要な役割であると思われます。

SECTION
05 契約自由の原則

【A君の疑問】

契約では何を決めることができるのですか。

PART 5 契約を考える **155**

当事者は、契約をしてもよい・しなくてもよいという自由があります（民法 521 条 1 項）。また、契約の内容は、契約をする当事者が自由に決めることができます（民法 521 条 2 項）。このように、当事者が自由に契約することができる原則を、**契約自由の原則**といいます。

反対に言えば、このような自由があるため、当事者が契約を成立させれば、風変わりな契約であっても当事者を拘束することになるということになります。当事者は、後から納得がいかないと思ったとしても、拘束力がある以上、契約に従わなければならないことになります[4]。このため、契約をする場合には、きちんと契約の条件を理解して納得したうえで締結しなければ、不都合な結果を生んでしまうおそれがあるといえます。

POINT

・契約は当事者間で自由に決定することができる。

column

法令のルールと契約のルールの関係は？

契約自由の原則があるため、契約の内容は、当事者が決めることになります。民法や商法には、契約に関するルールが定められています。例えば、民法では、13 の契約類型[5] について基本的なルールが定められています。当事者が特別な契約をしたのでなければ、これら民法や商法に定める規定が適用されます。このため、民法や商法に定めがあるルールのとおりでよいと思うのであれば、**契約書に改めて定めていなくても、それらのルールが適用されます**。一方

---

[4]　公序良俗に反する合意である場合や、特別法により契約よりも優先される法令に違反する場合など、契約の内容が制限される場合がありますので、あらゆる契約が当然に有効になるわけではありません。
[5]　贈与、売買、交換、消費貸借、使用貸借、賃貸借、雇用、請負、委任、寄託、組合、終身定期金、和解の13 です。これらは典型契約といいます。

で、契約書の中で、民法や商法と矛盾することを定めた場合は、契約自由の原則から、**契約で定めたルールが優先します**。民法や商法の契約に関するルールは、当事者が契約条件を特に定めていない場合や、契約条件を定めている場合であっても、その解釈に役立つ場合に使われることになります。ただし、民法や商法の一部には契約よりも優先するルールがありますし、消費者、労働者、賃借人等の弱い立場になりやすい者を保護するために契約に優先するルールを定めた法律があります[6]。

SECTION 06 契約の解釈

　契約で定めたルールも、法律などの他のルールと同じように、解釈される場合があります。契約は、当事者間で自由にすることができるものであるため、契約書がなければ、そもそもどのような契約がされたのかが分からない場合があります。また、きちんと契約書が作成されている場合であっても、その意味内容が契約書の記載からは不明確である場合があります。特に、契約書は、法律と異なり、作成に携わる人が法律の専門家ではない場合がありますので、不明確になってしまったり、整合的でなくなってしまったり、法令と矛盾してしまったりすることがあります。このような場合に、**契約の解釈**が必要になります。

　契約の解釈は、他のルールの解釈と比べて、やや特殊な性質があります。PART 1 では法律などのルールの解釈の方法を説明しました。ルールの解釈の手がかりとして、①言葉の本来の意味、②ルールの趣旨・目的、③他のルール、④利益衡量、⑤常識がありました。

　一方で、契約の解釈は、「**契約した当事者間の意思**」が何よりも重要です。そのため、契約した当事者間の意思があれば、たとえ文言と明確に矛

---

[6] 典型例として、消費者契約法、労働契約法、借地借家法などがあります。

PART 5　契約を考える **157**

盾するとしても、契約した当事者間の意思が優先します。

　つまり、**契約の解釈は、契約をしたときに、当事者がどのような意思で
その契約をしたのかという事実を明らかにする作業**であるといえます。こ
れは、PART 4 で説明した事実の確定をすることと同じ作業になります。

　このような契約当事者間の意思を探求するために、①契約書の文言、②
当事者間の契約に至る交渉経緯、③契約に基づく実際の運用、④契約の背
景事情、⑤契約当事者間の常識、⑥契約当事者間の関係など当事者間の一
切の事情を根拠にします[7]。

　このように、契約の解釈の場合には、法令の解釈とは異なり、当事者が
どのような合意をしたのかという過去の事実を探求することになります。

POINT

・契約の解釈は、当事者間の意思を探求するものである。
・この点で、他のルールの解釈とは、解釈の手がかりが異なる。

---

column
契約に関するトラブル

　契約に関するトラブルは、様々なものがあります。そもそも契約
をしたか・していないかが争いになっているケースは、口頭で契約
してしまった場合などに起こり得ます。契約をしたことに争いはな
くとも、どのような契約であったのかが争いになっているケース
は、契約書が合意を適切に反映していなかった場合に起こり得ま

---

[7] 「法律行為の解釈にあたっては、当事者の目的、当該法律行為をするに至った事情、慣習及び取引の通念な
どを斟酌しながら合理的にその意味を明らかにすべきものである」（最高裁第一小法廷判決昭和 51 年 7 月 19
日）
　「契約書の特定の条項の意味内容を解釈する場合、その条項中の文言の文理、他の条項との整合性、当該契約
の締結に至る経緯等の事情を総合的に考慮して判断すべき」（最高裁第二小法廷判決平成 19 年 6 月 11 日）

す。当事者が契約に従ったか・違反したかが争いになるケースは、当事者間のやり取りが口頭でされているなど客観的な記録が残っていない場合などに起こり得ます。一度成立した契約が変更されたのか・どのように変更されたのかが争いになっているケースは、変更した合意を書面化・記録化していない場合に起こり得ます。一度成立した契約がまだ有効であるのか・終了したのかが争いになっているケースは、契約書の内容が不明確である場合などに起こり得ます。契約の内容が法令に違反して無効であるかどうかが争いになっているケースは、契約書が適切なリーガルチェックを経ていない場合に起こり得ます。以上をふまえると、契約書が法律の専門家の審査を経ること、当事者間の重要なやり取りを記録化することで回避することができるケースが多いと思われます。

SECTION 07 契約書を作成する場合の留意点

1 従うべきルールに誤解がないよう、内容を明確にする

　当事者間で決まったことを、**可能な限り明確に記載する**ようにします。あいまいに表現されたり、記載が漏れてしまったりすれば、せっかくされた合意も存在しなかったと判断されてしまうおそれがあります。

　特に言葉の定義には注意を払うべきです。PART 1で見たように、「おやつ」という文言にバナナが含まれるのか・含まれないのかによって、ルールが適用されるか否かが決定します。そのため、不明確な用語が用いられていれば、そのルールをどのような場合に適用できるのかが不明確になってしまい、トラブルを招いてしまうおそれがあります。契約書上の言葉の意味には、日常で意識する以上に配慮する必要があるといえます。

PART 5　契約を考える　　**159**

2 証拠として提示できるよう、第三者の観点から理解できる、客観的な文章にする

　契約書の主体・客体が不明確である場合や、特定の業界でのみ通用する用語が使われている場合には、第三者が読んでもわからないこととなります。

　契約時には当事者間で共通理解があるかもしれませんが、トラブルが生じた場合には、そのような共通理解も覆されてしまうおそれがあります。そのような事態に備えて、**第三者が読んでもわかるような文章**にすることを心がけるとよいでしょう。

3 権利・義務の発生を意識し、要件・効果を明確にする

　契約書にはルールが定められるので、**要件・効果を強く意識する**ことが必要です。契約書によってどのような効果を定めるべきであるのかを明確に定めなければなりません。そのうえで、効果を生じさせる要件を、過不足なく規定することが重要です。

4 法令をふまえた内容にする

　契約自由の原則がありますので、基本的に契約の内容は、当事者で自由に決めることができます。しかし、全くの自由ではなく、民法や、消費者契約法、労働契約法等によって、強制的に適用される規定があります。これらに違反する合意内容は、無効になる場合や、修正される場合がありますので、注意が必要です。

　これを判断するためには、**法令・裁判例を調べて、契約が無効にならないかを判断する**必要があります。一般消費者向けの規約・契約書や、労働者との契約等においては、弁護士のチェックを受けることが有用です。

POINT

・契約書を作成する場合には、次の4点が重要である。
①内容を明確にする
②客観的な表現にする
③要件・効果を明確にする
④法令をふまえた内容にする

column

契約書は、まずは明確性・客観性を

　契約書の作成や確認業務は、日常的な業務として数多く扱っておりますが、クライアントの主要な関心は、「契約書を作成したので、不利な条項がないか」「不利な条項を有利にするにはどうすればよいか」という点であると思われます。

　確かに、契約書は、契約自由の原則により、法律で定められるルールを修正するものであるため、公平性を確保するために定められた法律よりも、一方当事者に有利になったり、不利になったりすることがあるものです。このため、有利不利に強い関心を持つことは非常に重要であるといえます。私も契約書を作成する際や修正する際には、クライアントに不利にならないように、有利に修正すべき点については可能な限り有利になるように慎重に検討しています。

　しかし、契約書に関するトラブルは、不利な条項が入っていたから失敗したというものに限りません。契約の内容が明確ではないことなどにより、契約に対する当事者の理解に齟齬があったりすることに端を発することが多いように思われます。

　そのため、**契約書を作成したり、確認したりする際には、有利不利の観点だけではなく、内容の明確性・客観性を特に意識されると**

PART 5　契約を考える　　**161**

よいと思います。例えば、ビジネススキームを契約書に落とし込むようなやや複雑になる場合であっても、契約書上からそのビジネススキームが明らかになるように表現されるとよいです。

SECTION 08 事例①（秘密保持契約）

【A 君の疑問】

　僕は、X 社を設立して、ビジネスを開始しました。大学で学んだ技術を活用して、独自のサービスを提供しています。

　このたび Y 社と商談したところ、お互いに技術を持ち寄って、Y 社と共同で製品を開発することを検討することになりました。このような共同開発を行うべきかどうかについて、Y 社との間で、それぞれの情報を交換して、検討しなければなりません。しかし、僕が提供する情報の中には、技術やノウハウに関する情報が含まれますので、これらの情報を無断で使われてしまったり、漏えいされてしまったりすれば、僕のビジネスが成り立たなくなってしまいます。そこで、このような事態を防ぐために、Y 社との間で秘密保持契約を締結することになりました。Y 社から以下のような秘密保持契約書が提示されましたが、疑問点がありますので解説をお願いします。

　以下、A 君からの疑問に答える形で、契約書のチェックにおいて重要なポイントを見ていきましょう。

秘密保持契約書

　X 社（以下、「甲」という。）と Y 社（以下、「乙」という。）は、

162

共同開発の可能性の検討（以下、「本目的」という。）のための情報の交換に関し、以下の通り秘密保持契約（以下、「本契約」という。）を締結する。

第1条（定義）
1. 本契約において秘密情報とは、文書、図面、電子情報、口頭、電子記憶媒体その他の形態を問わず、相手方から開示された技術上及び営業上の情報のうち、開示の際に秘密である旨明示された一切の情報をいう（以下、情報を開示する当事者を「開示者」といい、情報の開示を受ける当事者を「被開示者」という。）。

Q 結局、何が秘密情報になるのですか。

A この契約では、「秘密情報」の定義を初めに設けて、後で繰り返しがされないようにしています。このように初めに定義規定を設けて、用語の定義を明確にするスタイルの契約書も多く見られます。

　後で定められている情報の取扱いに関する義務を見てみると、秘密情報と定義された情報に限り、「秘密情報」として保護されることになっています。

　「秘密情報」に当たるかどうかによって情報の取扱いに関する義務が大きく異なることになりますので、「秘密情報」の定義は、非常に重要です。要件を分析すると、次の①から③を満たした場合に「秘密情報」といえます。
①相手方から開示された情報であること
②技術上・営業上の情報であること
③開示の際に秘密である旨明示された情報であること

　このような定義をふまえれば、特に、③開示の際に秘密である旨を明示することを忘れないように注意する必要があります。

PART 5　契約を考える　**163**

【POINT】
・条文が契約の運用を決める。

2. 前項にかかわらず、以下に該当しない情報は、秘密情報に含まない。
　(1)　開示された媒体に「秘密」「Confidential」等の表示がされた情報
　(2)　口頭で開示された情報であって、開示者が、開示の時点で秘密である旨明示し、かつ、相手方に対し、開示の日から10日以内に当該情報の概要及び当該情報が秘密である旨を明示した書面が提供された情報

Q 本条の趣旨は何ですか。

A 秘密情報に当たる場合、秘密保持義務等の重い義務を負担することになります。そこで、このような秘密情報とそうではない情報を明確に区別することができるようにする趣旨です。

　特に口頭で提供された情報については、口頭ベースでは、秘密である旨の明示がされたのかどうかが不明になり、トラブルになるおそれがあります。それを回避するために、書面で秘密である旨を明示させて、秘密情報であるのかどうかに関するエビデンスを確保することができます。

【POINT】
・重要なことに関してはエビデンスを確保する運用をすることができるように、契約書で定める。

164

3. 前2項の規定にかかわらず、以下の情報は、秘密情報に含まれ
ないものとする。
 (1) 開示の際に公知であった情報
 (2) 被開示者の責に帰すべき事由なく、開示後に公知となった情
報
 (3) 開示の際に既に被開示者が保有している情報
 (4) 被開示者が第三者から秘密保持義務を負うことなく正当に入
手した情報

Q 秘密情報に含まれないものがいくつか列挙されていますが、何か
注意点はありますか。

A 秘密情報に該当しては困る類型の情報が列挙されています。ここに示
されている情報で十分であるかは検討が必要です。今回は、Y社とは競業
する可能性があるため、Y社から開示された情報と同じような情報を、開
示された情報を用いずに独自に開発する可能性もあるのではないでしょう
か。それをふまえて、「*(5)開示者から開示された情報を用いることなく、
被開示者が独自に開発した情報*」なども加えておくとよいでしょう。

【POINT】
・条文に定められる要件が必要十分であるかを検討する。

第2条（秘密の保持）
1. 被開示者は、秘密情報を善良な管理者の注意をもって厳に秘密
に保持しなければならない。

PART 5　契約を考える **165**

2. 被開示者は、開示者の書面による事前の承諾を得ることなく、秘密情報を第三者に開示又は漏えいしてはならない。

3. 被開示者が前項の承諾を得て第三者に秘密情報を開示する場合、被開示者は、第三者に対し、本契約上の義務と同等以上の秘密保持義務を負わせるものとし、第三者の義務違反について一切の責任を負う。

4. 法令により秘密情報の第三者に対する開示が義務付けられる場合、被開示者は、事前に開示者に通知をし、必要最小限の秘密情報に限り、当該第三者に開示することができる。事前の通知が著しく困難である場合には、事後速やかに通知する。

Q 秘密を保持すべき旨が定められています。これらに違反した場合、どうなりますか。

A 契約に違反した場合にどうなるかというのは、効果を確認すればわかります。この契約では、効果として、後の7条に損害賠償請求が定められていますので、違反した場合には、請求をされるおそれがあります。

　契約書では、効果が何かという点を注意して作成したり、確認したりすることが重要になります。

【POINT】
・条文で定められた義務がある場合、それに違反した場合の効果を確認する。

第3条（秘密情報の利用）
1. 被開示者は、開示者の書面による事前の承認を得ることなく、

秘密情報を本目的以外の目的のために使用してはならない。

2. 被開示者は、本事業の遂行のために必要最小限の範囲の役員又は従業員（以下、「役職員」という。）に対してのみ、秘密情報を開示し、利用させることができる。この場合、被開示者は、役職員に対し、本契約に基づく秘密保持義務と同等の義務を課すものとし、役職員による義務違反について一切の責任を負う。

3. 被開示者は、秘密情報を利用することができる役職員に限って秘密情報にアクセスできる物理的又は組織的な管理体制を構築しなければならない。

Q 本条1項の「本目的」とは何でしょうか。

A 契約の頭書に定義がありますので、確認してください。

　本条1項では、「本目的以外の目的」での使用を禁止しています。「本目的」とは何であるのかによって、秘密情報を使用することができる範囲が変わりますので、「本目的」の定義は、必要な範囲に特定して明確にしておく必要があります。

【POINT】
・権利義務の範囲を定める文言は明確にしておく。

第4条（複製、改変）
1. 被開示者は、開示者の事前の書面による承諾がない限り、秘密情報を複製してはならない。
2. 甲及び乙は、秘密情報を複製した場合の複製物又は秘密情報が

PART 5　契約を考える　**167**

保管される媒体についても秘密情報として扱うものとする。

Q 本条の規定は、一般的に問題ないでしょうか。

A 本条1項によって、相手方から書面で承諾がない限り、複製できないこととなります。ここで、「複製」の意味を確認すると、著作権法では、「印刷、写真、複写、録音、録画その他の方法により有形的に再製すること」（同法2条1項15号）とされるため、これと同じく理解して問題ないと思われます。すると、コピー機でのコピーや、データ上でのコピー等も含まれます。このようなコピーも書面で承諾を得ない限り、許されないこととなります。このような運用が不都合であれば、次のような規定に修正するとよいでしょう。

【規定例】

被開示者は、開示者の事前の書面による承諾がない限り、本目的の達成に必要な範囲を超えて秘密情報を複製してはならない。

【POINT】

・定義がない用語があらわれた場合には、その用語に含まれるケース、含まれないケースを想起し、その意味内容を理解する。

・不明な場合には、相手方と協議する。

第5条（知的財産）

　秘密情報の開示により、特許権、商標権、著作権その他のいかなる知的財産権も譲渡されるものではなく、または使用許諾その他のいかなる権限も与えられるものではない。

第6条（秘密情報の返還）

甲及び乙は、相手方から秘密情報の返還を求められた場合、または本契約が終了した場合、速やかに相手方に返還するものとする。ただし、相手方が返還に代えて廃棄、消去処分を指示した場合には、甲又は乙は、速やかに、漏えいのおそれがない合理的な方法で廃棄又は消去処分をし、相手方の求めに応じて、廃棄又は消去した事実を証明する書面を相手方に提供する。

Q 6条を整理してください。

A 要件効果が定められている条文であるため、その要件・効果を整理し、適当かどうかを検討するとよいです。

【6条本文】
＜要件＞
①相手方から秘密情報の返還を求められた場合
または
①′ 本契約が終了した場合
＜効果＞
秘密情報を相手方に返還する。

【6条但し書き】
＜要件＞
①上記の①または①′ と同じ
②相手方が返還に代えて廃棄、消去処分を指示した場合
＜効果＞
「秘密情報を相手方に返還する」のではなく、廃棄または消去処分＋廃棄証明書の発行

PART 5　契約を考える　　**169**

このような整理をふまえて、運用が現実的であるかを確認されるとよいです。

> 【POINT】
> ・要件・効果を整理して、どのような事態が生じた場合に、何をすべきであるのかを把握する。

第7条（損害の賠償）
　甲及び乙は、本契約に違反したことにより、相手方に損害を与えた場合には、当該損害を賠償する責を負うものとする。

Q 本条を整理してください。

A これについても、効果が明確に定められている条文であるため、要件・効果を整理して検討するとよいです。
＜要件＞
①本契約に違反したこと
②相手方に損害を与えたこと
③②の「損害」が①の「違反により」生じたこと
＜効果＞
損害賠償責任を負う。

　整理してみると一般的な民法の規定とほぼ同じです。この条文では、効果として損害賠償責任を負うことが定められています。しかし、仮に、本条項に基づいて、損害賠償請求をするとしても、損害が生じたことを立証しなければなりません。秘密情報が漏えいした場合の損害額の算定は、容

易ではなく、争いになった場合の主要な争点になることが想定されます。そこで、この契約の性質や内容によっては、効果として「損害賠償責任を負う」とするだけではなく、より具体的な効果を定めることが考えられます。つまり、損害額を予定する条項にして、立証できないリスクを回避する方法が考えられます。このような提案をする場合、効果に次のような追記を加える例などもあります。

【規定例】

なお、開示者が損害額を立証できない場合、または損害額を立証しない場合であっても、損害額は、300万円を下回らないものとする。

【POINT】

・要件・効果を分析し、必要に応じて、条文の文言を具体化する。

第8条（有効期間）

1. 本契約の有効期間は、本契約締結日から1年間とする。

2. 本契約が終了した場合であっても、第2条乃至第4条の規定は、本契約の終了から3年間有効に存続するものとする。ただし、個人情報については、同期間にかかわらず、本契約の終了後も有効に存続するものとする。

第9条（管轄裁判所）

　甲及び乙は、本契約に関する一切の紛争に関し、東京地方裁判所を第一審の専属的合意管轄裁判所とすることに合意する。

Q 9条の注意点を教えてください。

A どこで裁判するのかを合意により定めることができます。特に、「専

PART 5　契約を考える　**171**

属的」合意管轄裁判所にすると、そこの裁判所でしか裁判ができないこととなります。

どちらも自社に近いところで裁判した方が、遠方に出向いて裁判することがないため、遠方の相手方との裁判においては、どこで裁判をするのかという点は、当事者の利害が対立します。そのため、どこで裁判をするのかという点を決めるために時間がかかるケースもあり得ます。

そこで、裁判管轄を予め合意して定めておけば、どこで提訴するべきかを予測することができるため、有用です。

【POINT】
・トラブルが生じたときの解決方法は、事前に決めておく。

SECTION 09 事例②（業務委託契約）

【A君の疑問】
おかげさまで当社も一定の評価を受けるようになりました。当社では、ソフトウェアの作成等の業務の受注が増えています。今回、Y社から、成果物を制作して納品する形式の契約として、契約書が提示されましたので、解説をお願いします。

以下、事例①同様に、A君の疑問に答える形で、ポイントを見ていきましょう。

業務委託契約書

　Y社（以下、「甲」という。）とX社（以下、「乙」という。）は、甲が乙に委託する業務（以下、「本件業務」という。）に関し、次のとおり業務委託契約（以下、「本契約」という。）を締結する。

第1条（委託業務）

1．甲は、本契約に基づき、次項に定める業務を乙に委託し、乙は、これを受託する。

2．本件業務に含まれる業務は、以下の業務とする。

　(1)　○○

　(2)　○○

　(3)　○○

3．乙は、甲に対し、本件業務の成果物（以下、「成果物」という。）として、○○○を納入する。

Q 本条の趣旨は何ですか。

A 委託業務の内容・範囲の明確化です。何が委託されているのかを明らかにすることは非常に重要です。委託した業務の範囲や、その成果物が明確でなければ、受託者が契約に従って業務を履行したつもりであっても、不十分であるなどと主張されるリスクがあります。

　反対に、委託者側としても、業務の範囲を明確にしておかなければ、期待した業務を履行してもらえないリスクが生じてしまいます。そのため、委託業務の範囲は、可能な限り、明確に定めるようにするべきです。

PART 5　契約を考える　　**173**

【POINT】

・義務の範囲を定める条文は明確にする。

第2条（仕様書の確定）

1. 甲は、仕様書を交付し、甲乙は、協議の上、これに記名押印を行い、承認する（以下、乙が承認した仕様書を「承認済仕様書」という。）。

2. 乙は、承認済仕様書に基づき、本件業務を遂行する。

3. 甲及び乙が、承認済仕様書の変更を希望するときは、その内容を定めた変更仕様書を甲乙が記名押印した書面で作成し、以後、これを承認済仕様書として扱う。

Q 本条の趣旨は何ですか。

A 仕様の明確化です。前条で委託業務の内容を特定しましたが、実際にソフトウェアの制作を行う際に、ソフトウェアの仕様（どのようなソフトウェアを制作するべきであるのか）を契約書にすべて記載することは困難です。

そこで、委託者である甲が仕様書を作成して、乙がこれを承認した場合には、乙は、仕様書どおりに作成することで業務の遂行が必要かつ十分といえます。

本条も、前条と同様に、受託者が何をすべきであるのかを可能な限り明確に特定することを目的とした条文といえます。繰り返しになりますが、何をすべきであるのかを可能な限り特定することが業務委託契約においては重要といえます。

174

【POINT】

・義務の範囲を定める条文は、明確にする。

Q 仕様書に記名押印を求める規定の趣旨は何ですか。

A 仕様が何であるのかは非常に重要です。そのため、どのような仕様が当事者間で確定されたのかを明らかにするために、記名押印が求められているものと思われます。

　このように、当事者の合意の内容をエビデンスにより確保する意識は大切です。

【POINT】

・重要な事項にはエビデンスを確保することができる運用を採用し、契約書にも定めておく。

第3条（納入）

　乙は、○年○月○日までに、甲に対し、本件業務の成果物を納入する。

第4条（検査）

1. 甲は、成果物を受領後、遅滞なく検査し、検査結果を乙に通知する。

2. 甲は、成果物が不合格である場合、不合格の理由を特定して修正又は追完を求めることができる。

3. 本件業務の成果物が本条所定の検査に合格したことをもって、

PART 5　契約を考える　　**175**

本件業務の完了とする。

Q 4条1項について、問題がありますか。

A 「遅滞なく検査し、」とあります。「遅滞なく」とはどの程度の期間であるのかが明確ではありません。検査に要する期間がある程度、明確にできる場合、どのくらいの日数で検査すべきであるのかを明確にしておいた方が、双方にとってよいと思われます。

特に、受託者としては、検査が終わって業務が完了してはじめて、報酬を請求することができる規定になっているため、利害が強く、トラブルに発展する可能性があるといえます。

そこで「遅滞なく検査し」ではなく、「○営業日以内」などと明確にするとよいでしょう。あわせて、「*甲が乙に対し検査期間内に何らの通知を行わない場合、成果物は、検査に合格したものとみなす。*」というような規定も追加しておけば、検査期間が守られることになります。

このように、業務の進め方等のルールを明確にしておくことが望ましいといえます。

【POINT】
・業務の進め方などのルールを明確化する。

Q 4条2項について問題がありますか。

A 「不合格」という用語が用いられていますが、法律上の用語ではないため、何をもって合格・不合格を判断するのかが契約書上では明らかではなく、当事者の認識に齟齬が生じるおそれがあります。

そこで、「不合格」の意義を明確にするために、「*不合格（承認済仕様書*

に合致しないことをいう。）」などと定義を付しておくとよいと思われます。

【POINT】
・用語の意味を明確にする。

第5条（業務にかかる報告）
1. 甲は、乙に対し、本件業務の進捗状況等に関して報告を求めることができるものとし、乙は、速やかにこれに応じるものとする。
2. 乙は、本件業務に定められる期限に遅れるおそれがある場合または本件業務の完成に支障が生じるおそれがある場合その他の本件業務遂行上の問題がある場合、直ちに、甲に対し、当該事由を通知し、甲の指示に従うものとする。
第6条（再委託）
1. 乙は、甲の書面による事前の承諾があった場合に限り、乙の責任において、第三者に委託業務の全部又は一部を再委託することができる。
2. 乙は、第三者に再委託する場合、当該第三者による本契約上の義務違反について一切の責任を負う。

Q 今回の業務では、当然に再委託をしたいと思っています。6条は問題ないでしょうか。

A 本条では、承諾も「書面」でエビデンスを残すこととし、承諾があったのか、なかったのかが不明確にならないようになっています。

　ただし、当然に再委託をするのであれば、書面による承諾をとることは煩雑であるので、事情を説明し、書面の承諾なく、再委託ができるように

PART 5　契約を考える　　**177**

するとよいです。

【修正案】

1. 乙は、事前に甲に再委託先の名称・所在地を電子メールその他の方法で通知の上、第三者に委託業務の全部又は一部を再委託することができる。

> 【POINT】
> ・運用に合わせてルールも修正する。

第7条（委託料）

1. 甲は、業務が完了した月の翌月末までに、乙に対し、委託業務の対価（以下、「委託料」とする）として金○○円を支払うものとする。

2. 甲は、委託料を乙が指示する銀行口座に振込送金の方法で支払う。振込手数料は、甲の負担とする。

第8条（危険負担）

　甲への納入前に成果物に滅失・毀損が生じた場合には、甲の責に帰すべき場合を除き、その危険は乙の負担とし、甲への納入後に成果物に滅失・毀損が生じた場合には、乙の責に帰すべき場合を除き、その危険は甲の負担とする。

Q 8条の趣旨は何ですか。

A 成果物に滅失・毀損が生じた場合に、どちらがそのリスクを負担するのかを定めた条項です。委託者がリスクを負担するのであれば、委託者は、やり直しなどを求めることができずに、報酬を支払う必要があります。

一方で、受託者がリスクを負担するのであれば、受託者は、自らの費用でやり直しをする必要があります。

　本条では、納品時を基準にして、受託者から委託者にリスクが移転することになっています。このように、トラブルが生じるおそれが大きい場面を想定して、その場合の解決条件を定めておくことが重要です。

【POINT】
・合理的に想定されるトラブルが生じた場合の責任分配方法をあらかじめ定めておく。

第9条（成果物の保証）
1. 業務完了後、成果物について承認済仕様書又は本契約上の保証との不一致（以下、本条において「瑕疵」という。）が発見された場合、甲は、乙に対し、業務の完了後6カ月以内に甲が乙に瑕疵を通知した場合に限り、当該瑕疵の修正を請求することができ、乙は、当該瑕疵を修正するものとする。
2. 前項の規定は、甲から乙に対する損害賠償請求を妨げない。

Q 本条の趣旨は何ですか。

A 成果物に不具合がある場合の受託者の責任を定めています。ソフトウェアには多少の不具合の発生が避けられないため、そのような不具合がある場合の修正責任等を定めています。

　この条文も、トラブルが生じるおそれが大きい場面を想定して、解決条件を定めたものといえます。

Q 本条1項を分析してください。

A 以下のとおりです。

＜効果＞

瑕疵の修正をすること（2項により乙は損害賠償責任も負う）

＜要件＞

①業務が完了していること

②成果物について瑕疵が発見されたこと（なお、瑕疵の定義あり）

③業務の完了後6カ月以内に甲が乙に瑕疵を通知したこと

【POINT】

・要件・効果を意識する。

第10条（著作権等の帰属等）

1. 本件業務に関して乙が創作した著作物の著作権（著作権法27条及び28条の権利を含む。以下、同じ。）は、甲が委託料を完済した時に、乙から甲に移転する。

2. 乙は、甲又は甲が指定する者による本件業務の成果物の利用について、著作者人格権を行使せず、又は第三者に行使させないものとする。

3. 第1項の定めにかかわらず、汎用的な利用が可能な著作物の著作権であって、乙が承認済仕様書に留保する旨を明示して特定したものは、乙又は当該権利を有する第三者に留保されるものとする。

Q 本条の趣旨は何ですか。

A 成果物に対する権利を明確に合意しておく必要があります。委託者にとっては、制作させた成果物を利用できることが目的であるからです。

本条では、権利が受託者から委託者に移転することとなっていますが、受託者に留保したまま委託者にライセンスが付与されることもあります。

いずれにせよ、権利の帰属や、その条件、侵害が判明した場合の責任は、非常に重要なポイントであるため、明確にしておくべきといえます。

【POINT】

・権利関係など、重要な事項については合意の内容を明確にしておく。

第 11 条（知的財産権侵害の責任）

1. 乙は、甲に対し、成果物が第三者の著作権等の知的財産権を侵害しないことを保証する。

2. 甲又は乙は、成果物が第三者の知的財産権の侵害する旨の主張を受けた場合には、速やかに相手方に対し、当該事実を通知して対応を協議するものとする。

3. 成果物が第三者の知的財産権を侵害することが判明した場合には、乙は、甲に対し、甲が被った損害を賠償しなければならない。ただし、甲の責めに帰すべき場合はこの限りではない。

4. 本条は、本契約終了後も有効に存続する。

PART 5　契約を考える　**181**

Q 本条の注意点を教えてください。

A 成果物が第三者の権利を侵害した場合の解決方法を定めています。本条では、2項によって「対応を協議する」となっています。「対応を協議する」とは、そのときに決めることになりますので、事案に応じた対応ができる一方で、当事者の協議が難航して迅速な解決が望めないおそれもあります。

　そのため、必要に応じて、「対応を協議する」ではなく、具体的に何をするべきであるのかを事前に定めておくことも検討されます。

【POINT】
・ルールを具体化する必要がないかを検討する。

第12条（秘密の保持）
　甲及び乙は、本契約で相手方から開示された情報については、別途締結する秘密保持契約に従って取り扱う。

第13条（損害賠償）
　甲及び乙は、本契約に違反したことにより、相手方に損害を与えた場合には、当該損害を賠償する責を負うものとする。ただし、損害賠償の範囲は通常損害に限るものとし、損害額は委託料を上限とする。

Q 13条の趣旨は何ですか。

A 本契約に関して相手方に損害を与えた場合には、損害賠償責任を負う

182

旨を明確にすること、その範囲・上限額を定めて損害の範囲を制限することです。

契約違反をした当事者が損害賠償義務を負うことは、民事法上、当然であるため、本条の主要な目的は、損害賠償の範囲・金額を制限することにあるといえます。本条により、損害賠償請求の範囲・上限が民事法上の原則よりも制限されます。

このような条項は、当事者の利害が対立することも多いため、条件交渉の上で、明確に定めておくべきといえます。

【POINT】
・利害が対立する事項こそ明確に定める。

第14条（権利義務の譲渡禁止）
　甲及び乙は、相手方の書面による事前の同意なしに、本契約に基づく一切の権利・義務を、第三者に譲渡してはならない。

Q 本条の趣旨は何ですか。

A もし、このような条文がなければ、当事者は、民法466条1項本文[8]に基づき、権利・義務は第三者に自由に移転することができます。

しかし、自由に移転されてしまうと、誰に債務を履行してよいのかがわからなくなり、いずれの当事者にとっても不都合といえる場合があります。そこで、本条のように、制限を加えています。

なお、本条による制限を加えても、民法466条2項により、債権譲渡の効力は否定されず、民法466条3項により、債権譲渡に対する制限を知り、

[8]　本Q&Aについては、2020年4月1日施行の改正民法に基づきます。

PART 5　契約を考える　　**183**

または重大な過失により知らなかった譲受人に対してのみ対抗できるに過ぎないこととなります。

そのため、本条に違反して債権譲渡がされた場合でも、譲受人に弁済しなければならないことが原則です。しかし、契約当事者間では義務違反となりますので、当事者間で損害賠償義務が生じるという効果があります。

【POINT】
・法令の内容をふまえてルールの意義を検討する。

第15条（契約の解除）
1. 甲又は乙は、相手方について、以下の事由が生じた場合、何らの催告なしに直ちに本契約を解除することができる。
　⑴　本契約に定める条項に違反し、催告を受けてから相当期間経過後も当該義務違反が是正されないとき
　⑵　監督官庁から営業の許可の取り消し、停止などの処分を受けたとき
　⑶　仮差押、仮処分若しくは競売の申立て又は公租公課の滞納処分を受けたとき
　⑷　破産手続き開始、民事再生手続き開始、会社更正手続き開始、特別清算手続き開始の申立てをし、又は第三者が申立てを行ったとき
　⑸　支払い停止若しくは支払い不能の状態に陥ったとき、又は手形交換所の取引停止処分を受けたとき
　⑹　資産又は信用状態に重大な変化が生じ、本契約に基づく債務の履行が困難になるおそれがあるとき
　⑺　その他前各号に準じる事由があるとき

184

2．前項の場合、解除した当事者は、相手方に対し、被った損害の賠償を請求できる。

Q 本条の趣旨は何ですか。

A 契約の解除とは、有効な契約関係を解消して、契約がなかった状態に戻すことをいいます。このような条項がなくとも、民法に基づいて契約の解除ができるケースがありますが、一定のハードルがあります。

そのため、本条のような解除条項では、契約関係を解消するべき事由が列挙され、どのような場合に契約を解除できるのかを明確にします。

本条1項を分析すると、「直ちに解除することができる」という効果があり、その要件が1号から7号の事由であるといえます。

契約締結時には想定していなかった事態が生じた場合が規定されることになるため、どのようなトラブルが生じるのかについて、あれこれ思いをめぐらせて、必要に応じて、1号から7号の他に追加する必要があります。

【POINT】
・定められる要件が必要十分であるかを確認する。

SECTION
10 まとめ

契約は、最も日常的なルールの一つです。そのため、契約書がビジネスを規律しているといっても過言ではありません。

契約も、ルールであるため、契約で定められたルールを使う場合には、PART1からPART4で説明したことと同じように考えることができます。要件・効果に分析して考えることは当然に必要ですし、実際に契約書の条

文を用いる場合には、要件に該当する事実があるのかどうかをチェックする必要があります。

　ただし、契約には、他のルールとの決定的な違いがありました。それは、当事者間の意思が何よりも重要であるという点です。そのため、契約書の条文を解釈する場合には、当事者の合理的意思が何かを様々な証拠によって探求することになります。

　そのため、契約書には当事者間の意思をきちんと示しておくことが大切です。これらをふまえて、当事者間の意思を相互に十分に理解し、当事者にとっても第三者にとっても明確に定めることが望ましいものといえます。

参考事例集
―実際のルールを読み解く―

CASE 01　X社長、それって賭博では……？

☞ PART 1　おやつに含まれる／含まれない

【事例】

　お金持ちのX社長は、麻雀の腕自慢を集めて麻雀大会を主催することにした。X社長の企画は、次のとおりである。

①優勝者には賞金を出す。

②賞金額は、麻雀の点棒（麻雀でやり取りされる得点）により決める。

③参加費は無料。

④参加者は、勝負に当たってお金を出さない。

⑤賞金は、X社長のポケットマネーから出す。

【刑法】

（賭博）

第185条　賭博をした者は、50万円以下の罰金又は科料に処する。ただし、一時の娯楽に供する物を賭けたにとどまるときは、この限りでない。

ルール

　A君は、麻雀の実力には自信があったため、参加しようと思った。しかし、この大会に参加して勝負することは、賭け麻雀と何が違うのだろうか、違法ではないのだろうか、と疑問に思った。

　そこで、Bさんに相談すると、Bさんは、「裁判例では、刑法185条の『賭博』は、『偶然の勝負によって、金銭又は物品その他の財産上の利益の得喪を争うもの』と解されているよ」と教えてくれた。

　上記の事案は、「賭博」に当たるか。

【解説】

　以下、「賭博」に当たるのかを検討します。Bさんの言うとおり、「賭博」とは、「偶然の勝負によって、金銭又は物品その他の財産上の利益の得喪を争うもの」と解されています。

つまり、

①「偶然の勝負」がされること

②争われる対象が「金銭又は物品その他の財産上の利益」であること

③争われる対象が「金銭又は物品その他の財産上の利益」の「得喪」で
あること

といえます。

それぞれ見ていくと、

①「偶然の勝負」がされること

今回の大会で行われる麻雀は、実力の要素もありますが、運の要素も含まれるため、偶然の勝負といえます。

②争われる対象が「金銭又は物品その他の財産上の利益」であること

今回の大会で勝者が得られるものは賞金であるため、「金銭又は物品その他の財産上の利益」といえます。

③争われる対象が「金銭又は物品その他の財産上の利益」の「得喪」であること

今回の大会で金銭が争われていることは間違いありませんが、参加者は、参加費無料であり、かつ、勝負に際してお金を支出することはありません。賞金も X 社長のポケットマネーから出されるものであるため、X 社長が財産を失うだけであり、他の人は優勝して財産を得られる利益しかなく、「得喪」が争われているものではありません。

以上から、①②は満たすものの、③を満たさないといえます。したがって、今回の大会に参加することは、賭博には当たらないということになります。

CASE
02 要件・効果を見つける

☞ **PART 2　ルールを分析する**

次のルールの要件・効果は何か。

①民法 541 条本文

> ルール
>
> 当事者の一方がその債務を履行しない場合において、相手方が相当の期間を定めてその履行の催告をし、その期間内に履行がないときは、相手方は、契約の解除をすることができる。

解説

＜効果＞

相手方が契約を解除することができる。

＜要件＞

①当事者が契約上の債務を履行しないこと

②相手方が相当の期間を定めてその履行を催告したこと

③その期間内に履行しないこと

※解除するとどうなるのかは、別のルール（民法 545 条）に書いてあります。

②あるサービス利用約款

> ルール
>
> X 社は、サービス利用者が本約款に違反した場合、または違反するおそれがある場合、サービス利用者に対し、サービスの提供を停止することができます。

解説

＜効果＞

サービスの提供を停止できる

190

＜要件＞

①サービス利用者が本約款に違反したこと

または

①′ サービス利用者が本約款に違反するおそれがあること

③民法 709 条

> **ルール** 故意又は過失によって他人の権利又は法律上保護される利益を侵害した者は、これによって生じた損害を賠償する責任を負う。

解説

＜効果＞

損害を賠償する責任を負う

＜要件＞

①故意又は過失があること

②他人の権利又は法律上保護される利益を侵害した者であること

③損害が生じたこと

④故意・過失と損害に因果関係があること

※④の「因果関係」という言葉は、条文には書いてありません。しかし、条文には「これによって」と書いてあり、これが因果関係を求めているものと理解できます。

参考事例集—実際のルールを読み解く—　　191

④不正競争防止法 3 条

ルール

1 不正競争によって営業上の利益を侵害され、又は侵害されるおそれがある者は、その営業上の利益を侵害する者又は侵害するおそれがある者に対し、その侵害の停止又は予防を請求することができる。

2 不正競争によって営業上の利益を侵害され、又は侵害されるおそれがある者は、前項の規定による請求をするに際し、侵害の行為を組成した物（侵害の行為により生じた物を含む。第 5 条第 1 項において同じ。）の廃棄、侵害の行為に供した設備の除却その他の侵害の停止又は予防に必要な行為を請求することができる。

解説

＜効果＞

3 条 1 項：侵害の停止又は予防を請求できる。

3 条 2 項：前項の請求をするに際して、侵害の行為を組成した物の廃棄、侵害の行為に供した設備の除却その他の侵害の停止又は予防に必要な行為を請求することができる。

＜要件＞

①不正競争があること

②営業上の利益を侵害され、又は侵害されるおそれがある

③①と②に因果関係があること

④侵害の停止又は予防を請求すること（2 項のみ）

※1 項も 2 項もほぼ同じ要件ですが、2 項は、「前項の規定による請求をするに際し、」と条文にありますので、1 項の請求をすることが 2 項の請求をする要件となります。

⑤著作権法 62 条 1 項

> ルール
>
> 著作権は、次に掲げる場合には、消滅する。
> （1）著作権者が死亡した場合において、その著作権が民法（明治29 年法律第 89 号）第 959 条（残余財産の国庫への帰属）の規定により国庫に帰属すべきこととなるとき。
> （2）著作権者である法人が解散した場合において、その著作権が一般社団法人及び一般財団法人に関する法律（平成 18 年法律第 48号）第 239 条第 3 項（残余財産の国庫への帰属）その他これに準ずる法律の規定により国庫に帰属すべきこととなるとき。

解説

＜効果＞

著作権が消滅する

＜要件＞

1 号

①著作者が死亡したこと

②著作権が民法 959 条の規定により国庫に帰属すること

2 号

①著作権者たる法人が解散したこと

②著作権が一般社団法人及び一般財団法人に関する法律 239 条 3 項その他これに準ずる法律の規定により国庫に帰属すること

※本条は権利を消滅させる効果を規定した規定です。

⑥民法 412 条の 2 第 1 項

> ルール
>
> 債務の履行が契約その他の債務の発生原因及び取引上の社会通念に照らして不能であるときは、債権者は、その債務の履行を請求することができない。

参考事例集—実際のルールを読み解く—　　193

解説

＜効果＞

債務の履行を請求することができない。

＜要件＞

債務の履行が不能であるとき

※権利の行使をできなくさせてしまう効果を持つ条文です。

⑦民法 90 条

> ルール　公の秩序又は善良の風俗に反する法律行為は、無効とする。

解説

＜効果＞

法律行為を無効とする。

＜要件＞

法律行為が公の秩序又は善良の風俗に反すること

※法律行為を無効にしてしまう効果を持つ条文です。

⑧民法 166 条 1 項

> ルール　債権は、次に掲げる場合には、時効によって消滅する。
> （1）債権者が権利を行使することができることを知った時から 5 年間行使しないとき。
> （2）権利を行使することができる時から 10 年間行使しないとき。

解説

＜効果＞

債権が消滅する。

＜要件＞
①債権者が権利を行使することができることを知った時から5年間行使しないとき
または
①′権利を行使することができる時から10年間行使しないとき
※権利を消滅させてしまう効果を持つ条文です。

CASE 03 無断コピペを差し止めろ

☞ PART 2　ルールを分析する

　次の事例において、A君の要求をルールによって叶えることはできるでしょうか。要求を叶える条文を見つけて、その条文の要件・効果を分析してください。

事例

　大学生のA君が自ら執筆してウェブサイト上に公開した記事がある。内容は、A君が趣味で執筆したある映画の批評文（1,000文字程度）であった。A君がネットサーフィンをしていたところ、全く身に覚えのないY社のウェブサイトで、A君の記事100文字程度が転載されていることを知った。A君は、誰かに自分の記事を転載することなどを許したことはなかったため、Y社に対して、勝手に公開することを止めさせたいと思った。

参考事例集―実際のルールを読み解く―　195

【著作権法】
（定義）
第2条　この法律において、次の各号に掲げる用語の意義は、当該各号に定めるところによる。
（1）　著作物　思想又は感情を創作的に表現したものであつて、文芸、学術、美術又は音楽の範囲に属するものをいう。
（2）　著作者　著作物を創作する者をいう。
（中略）
（15）　複製　印刷、写真、複写、録音、録画その他の方法により有形的に再製することをいい、次に掲げるものについては、それぞれ次に掲げる行為を含むものとする。（以下、略）

（著作者の権利）
第17条　著作者は、次条第1項、第19条第1項及び第20条第1項に規定する権利（以下「著作者人格権」という。）並びに第21条から第28条までに規定する権利（以下「著作権」という。）を享有する。
2　著作者人格権及び著作権の享有には、いかなる方式の履行をも要しない。

（複製権）
第21条　著作者は、その著作物を複製する権利を専有する。

（引用）
第32条　公表された著作物は、引用して利用することができる。この場合において、その引用は、公正な慣行に合致するものであり、かつ、報道、批評、研究その他の引用の目的上正当な範囲内で行なわれるものでなければならない。（以下、略）

（差止請求権）
第112条　著作者、著作権者、出版権者、実演家又は著作隣接権者は、その著作者人格権、著作権、出版権、実演家人格権又は著作隣接権を侵害する者又は侵害するおそれがある者に対し、その侵害の停止又は予防を請求することができる。（以下、略）

解説

　まず、A君の要求は、「勝手に転載することを止めさせたい」というものです。そのため、そのような効果を持つルールを探します。すると、著作権法112条1項に、「侵害の停止又は予防を請求することができる」とあります。この条文の効果は、侵害の停止を求める権利が得られることになりますので、この条文を使うことができればA君の要求を叶えることができます。

　この条文の要件を分析すると次のとおりです。
①著作者であること
②著作権の侵害をする者又は侵害するおそれがある者がいること

　まず要件①を検討します。要件①の著作者であることの「著作者」が何かは、これだけではわからないため、もう少し別のルールを見てみると、同法2条1項2号に、「著作者」とは、「著作物を創作する者」と定められています。つまり、著作者となるための要件は、「著作物を創作すること」といえます。A君は執筆した記事を創作していますので、この記事が「著作物」に当たれば、それを創作したA君は、「著作者」といえることになります。

　では、この記事が「著作物」といえるでしょうか。「著作物」とは何か、を把握する必要があります。再びルールを見ると、2条1項1号に、「著作物」とは、「思想又は感情を創作的に表現したものであつて、文芸、学術、美術又は音楽の範囲に属するものをいう」とあります。

　著作物に当たるための要件は、以下のとおりです。
・思想又は感情の表現であること
・創作的な表現であること
・文芸、学術、美術又は音楽の範囲に属するものであること

　A君が執筆した記事は、映画の批評であり、A君の精神的活動の表現

であるため、「思想又は感情の表現」といえます。また、A君が自ら執筆したものであるため、「創作的な表現」といえます。さらに、批評文の執筆は、文芸の範囲といえるため、「文芸、学術、美術又は音楽の範囲に属する」といえます。以上から、A君が執筆した記事は、「著作物」といえることになり、この著作物を創作したA君は、「著作者」といえることになります。以上により112条1項の要件①が満たされることになります。

次に112条1項の要件②「著作権の侵害をする者又は侵害するおそれがある者がいること」を検討します。まず、「著作権」の意味が明らかではありませんので、ルールをよく見てみます。すると、17条1項に、「第21条から第28条までに規定する権利（以下「著作権」という。）」と定められています。著作権法では、これらをまとめて著作権と呼んでいることがわかります。つまり、21条から28条のいずれかの権利を侵害されているときに、要件②を満たすことになります。A君は、どの権利を侵害されているでしょうか。著作権法を見ていくと、21条に複製権として、「著作者は、その著作物を複製する権利を専有する。」と定められています。この条文によれば、複製する権利を「専有する」とあるので、著作者以外の第三者による無断の複製行為は、基本的に複製権の侵害になるといえます。

念のため、「複製」とは何かを定めたルールを探します。すると、2条1項15号に「複製」について「印刷、写真、複写、録音、録画その他の方法により有形的に再製すること」と定められています。A君の記事をコピーして転載することは、これに当たりますので、「複製」されている、ということになります。

以上からY社がA君の執筆した記事を無断で転載した行為は、A君の著作権（複製権）を侵害することになりますので、A君からY社への請求は、基礎付けられそうです。ただし、別のルールによって複製が許容されることもあるため、A君としては、Y社に請求の上で、Y社の反論があればそれを聞くことになります。

これらをまとめると以下の図のとおりです。

著作権法112条

＜効果＞
「著作権の侵害の停止又は予防を請求することができる」
＜要件＞
①著作者であること
　└同法2条1項2号
　　著作者＝著作物を創作する者
　　　　　└同法2条1項1号
　　　・思想又は感情の表現であること
　　　・創作的な表現であること
　　　・文芸、学術、美術又は音楽の範囲に属するものであること
あてはめ→A君が執筆したのは映画の批評文＝A君は批評文の著作者
②著作権の侵害をする者又は侵害するおそれがある者がいること
　　　・著作権が存在すること
　　　　　→複製権（同法21条）＝著作者に無断で複製できない。
　　　・著作権が侵害されること
　　　　　→転載行為
あてはめ→Y社は無断でA君の批評文を転載した。

CASE 04 商品を安く見せたい

☞ PART 2　ルールを分析する

事例

　A君の所属するX社では、ECサービス（インターネット上で売買をすることができるサービス）を提供しています。会員を増やす方策を検討中です。

　小売店をしているQ社長にアドバイスをもらったところ、Q社長は、「商品を安く見せる努力が必要だ。例えば、3,000円のものがあれば、単に

3,000円で売ってはいけない。5,000円で売ることがなくても、『通常価格5,000円、セール中につき3,000円』として売りなさい。お客さんは、特別な値引きがされていると思って、買ってくれるよ。実際に5,000円で売らなくてもよい」というアドバイスをしてくれました。

　このような方法は、法的には問題ないでしょうか。

【景品表示法[1]】
（不当な表示の禁止）
第5条　事業者は、自己の供給する商品又は役務の取引について、次の各号のいずれかに該当する表示をしてはならない。
（1）略
（2）商品又は役務の価格その他の取引条件について、実際のもの又は当該事業者と同種若しくは類似の商品若しくは役務を供給している他の事業者に係るものよりも取引の相手方に著しく有利であると一般消費者に誤認される表示であって、不当に顧客を誘引し、一般消費者による自主的かつ合理的な選択を阻害するおそれがあると認められるもの（以下、略）

（課徴金納付命令）
第8条　事業者が、第5条の規定に違反する行為（中略）をしたときは、内閣総理大臣は、当該事業者に対し、（中略）課徴金を国庫に納付することを命じなければならない。（以下、略）

（課徴金の納付義務等）
第12条　課徴金納付命令を受けた者は、第8条第1項、第9条又は前条第2項の規定により計算した課徴金を納付しなければならない。（以下、略）

【不当な価格表示についての景品表示法上の考え方[2]（消費者庁）】
第4　二重価格表示について
2　過去の販売価格等を比較対照価格とする二重価格表示について
（1）基本的考え方
ア　過去の販売価格を比較対照価格とする二重価格表示
（ア）景品表示法上の考え方
a　略

> **ルール**
>
> b　（中略）過去の販売価格を比較対照価格とする二重価格表示を行う場合に、同一の商品について最近相当期間にわたって販売されていた価格とはいえない価格を比較対照価格に用いるときは、当該価格がいつの時点でどの程度の期間販売されていた価格であるか等その内容を正確に表示しない限り、一般消費者に販売価格が安いとの誤認を与え、不当表示に該当するおそれがある。（中略）他方、同一の商品について最近相当期間にわたって販売されていた価格を比較対照価格とする場合には、不当表示に該当するおそれはないと考えられる。

解説

　広告の仕方についても法律による規制がありますので、法令に気を付けなければなりません。景品表示法5条で不当な表示が禁止されています。これに違反した場合のリスクを把握するために、これに違反した場合の効果を定めている条文を探します。すると、8条を見ると、5条に違反した場合には、課徴金の納付命令がされることがわかります。そして、12条では、納付命令がされれば、課徴金の納付義務が生じることになります。そんなことになると大変なので、5条に違反しないようにする必要があります。

12条

＜効果＞

課徴金の納付義務の発生

＜要件＞

課徴金納付命令を受けたこと

8条

＜効果＞

内閣総理大臣が課徴金納付命令をしなければならないこと

1　不当景品類及び不当表示防止法。
2　平成12年6月30日・公正取引委員会制定、平成28年4月1日・消費者庁改定。

＜要件＞
5条の規定に違反する行為をしたとき

| 5条2号 |

＜不当表示の要件＞
①実際のものよりも取引の相手方に著しく有利であると一般消費者に誤認される表示であること
②不当に顧客を誘引し、一般消費者による自主的かつ合理的な選択を阻害するおそれがあると認められるものであること

　5,000円で売ることがないのに『通常価格5,000円、セール中につき3,000円』と表示することは、不当表示といえるでしょうか。5条2号は、抽象的に規定されているので、ガイドライン（不当な価格表示についての景品表示法上の考え方）を参考にします。

　すると、「最近相当期間にわたって販売されていた価格」とはいえない価格が比較対象価格になる場合には、不当表示のおそれがあるとされます。反対に、「最近相当期間にわたって販売されていた価格」である場合には、不当表示に該当するおそれはないとされています。

　本件について考えると、Q社長は、実際は5,000円で売ることはなくても、通常価格5,000円・セール価格3,000円と表示して売るべきと言っています。とすれば、5,000円という価格は、「最近相当期間にわたって販売されていた価格」とはいえないため、このような表示は許されないことになります。このような表示をするためには、最近相当期間にわたって5,000円で販売されたという実績が必要になります。

　なお、ガイドラインでは、二重価格表示を行うセール開始時点からさかのぼる8週間（商品が販売されていた期間が8週間未満の場合には、当該期間）において、当該価格で販売されていた期間が当該商品が販売されて

いた期間の過半を占めているときには、「最近相当期間にわたって販売されていた価格」とみてよいとされています。

CASE
05 部品の納期遅延

☞ PART 2　ルールを分析する

事例

　電機メーカーである X 社は、自社の電機製品に使う部品 M が不足した。X 社は、2 カ月後に Z 社に製品を納品する予定であったため、1 カ月後までに Y 社が製造する部品 M が必要であった。そこで、X 社は、「Z 社に 2 カ月後に製品を販売する必要があるので、500 万円で 1,000 個の部品 M を 1 カ月後までに送ってください。これが遅れてしまうと、Z 社に販売できなくなってしまいます」と説明の上、Y 社に発注した。Y 社は、「うちなら期限に遅れずに納品できます。安心してください」とこれを承諾した。ところが、Y 社は、1 カ月を過ぎても部品を納品しなかった。Y 社が期限までに納品しなかったために、X 社は、Z 社に製品を納品できなくなってしまい、Z 社との契約も破談になった。このため、X 社は、Z 社に販売することにより得られるはずであった利益が得られなくなってしまった。そこで、X 社は、Y 社に対し、Z 社に販売して得られるはずであった利益を賠償して欲しいと考えた。

> ルール
>
> **【民法】**
> **（債務不履行による損害賠償）**
> **第 415 条**[3]　債務者がその債務の本旨に従った履行をしないとき又は債務の履行が不能であるときは、債権者は、これによって生じた損害の賠償を請求することができる。

---

[3]　415 条本文です。

参考事例集―実際のルールを読み解く―　　**203**

解説

　X社は、損害の賠償を求めたいということであるため、「損害の賠償を請求することができる」と規定されている415条本文を用いることができそうです。そこで、X社としては、この415条本文を使うことにしたいと思い、検討します。

　このルールを分析すると以下のとおりです。

＜効果＞
損害の賠償を請求することができる。

＜要件＞
①債権者であること
②債務者が債務の本旨に従った履行をしないこと
もしくは
②′ 債務の履行が不能であること
③損害があること
④損害が②もしくは②′によって生じたこと

　これだけ見ても、どのような場合に債権者といえるのか、どのような場合に債務の本旨に従った履行をしないといえるのかなどがよくわかりません。そこで、他のルールを使います。

①債権者であること

　X社は、「Y社に債権を持っている」というために、別のルールを使います。X社とY社との間では、売買契約をしているため、民法の売買に関するルールを探します。すると、次のようなルールがあります。

> **【民法】**
> **（売買）**
> **第555条　売買は、当事者の一方がある財産権を相手方に移転することを約し、相手方がこれに対してその代金を支払うことを約することによって、その効力を生ずる。**

204

このルールにより、X社は、買主であるとして「物の引き渡しを求めることができる」という債権を持つことになります。このルールを分析すると以下のとおりです。

＜効果＞

売買契約上の効力が生まれること（つまり、売買契約上の債権者・債務者になること）

＜要件＞

a）当事者の一方がある財産権を相手方に移転することを約すること

b）相手方がこれに対してその代金を支払うことを約すること

＜要件のあてはめ＞

a）X社は、Y社に「500万円で1,000個の部品Mを1カ月後までに送ってください」と発注したところ、Y社がこれを承諾した。つまり、Y社は、500万円をもらう代わりに部品M 1,000個の所有権をX社に移転することを約した。

b）X社は、Y社に「500万円で1,000個の部品Mを1カ月後までに送ってください」と発注したところ、Y社がこれを承諾した。つまり、X社は、部品Mをもらう代わりに代金500万円を支払うことを約した。

このように、X社は、Y社に対して、売買契約上の効力があると主張することができ、「債権者である」ということができそうです。

②債務者が債務の本旨に従った履行をしないこと

「債務者」とはY社のことであり、「債務の本旨」とは債務の内容を意味します。X社は、「債務の内容に従った履行をしないこと」を主張する必要があります。債務者であるY社は、「500万円で1,000個の部品Mを1カ月後までにX社に送る」という債務を負っているといえます。これが債務の本旨であるため、X社としては、「1カ月を経過しても部品Mが納品されなかったこと」を主張します。事例のとおり、「Y社は、1カ月を過

参考事例集―実際のルールを読み解く― **205**

ぎても部品を納品しなかった」ため、この要件は、満たされるといえます。

③損害があること

　X社は、Y社に対し、Z社に販売して得られるはずであった利益が得られなかったとして、これが損害であると主張したいと考えています[4]。事例にもあるとおり、「X社は、Z社に販売することにより得られるはずであった利益が得られなくなってしまった」ため、X社としては、「損害」はあるといえそうです。しかし、民法は、損害を全て賠償しなければならないとはしていません。全ての損害を賠償しなければならないとすれば、賠償する範囲が無限に広がってしまうからです。このため、民法には、次のようなルールが用意されており、「損害があること」を主張するためには、このルールもふまえる必要があります。

> **【民法】**
> **（損害賠償の範囲）**
> **第416条　債務の不履行に対する損害賠償の請求は、これによって通常生ずべき損害の賠償をさせることをその目的とする。**
> **2　特別の事情によって生じた損害であっても、当事者がその事情を予見すべきであったときは、債権者は、その賠償を請求することができる。**

　まず、416条1項を分析すると、損害賠償の請求の範囲を「通常生ずべき損害」に限定しているといえます。X社が賠償を請求したいのは、「Z社に販売して得られるはずであった利益」であるため、「通常生ずべき損害」とはいえません。そこで、X社としては、「特別の事情によって生じた損害」として「賠償を請求できる」とする、416条2項を使うこととしなければ、損害賠償が無効になってしまいます。416条2項を分析すると以下のとおりです。

---

[4] 「損害」とは、債務不履行がなければ存在した財産状態と当該債務不履行の存在により生じた財産状態との差額を意味すると理解されています。

＜効果＞

特別の事情によって生じた損害も賠償請求できる。

＜要件＞

当事者が特別の事情を予見すべきであったこと

　X社は発注時にY社に対して、「これが遅れてしまうと、Z社に販売できなくなってしまいます」と説明しています。Y社も「うちなら期限に遅れずに納品できます。安心してください」として承諾しているため、「Z社に販売して利益を得られるはずであった」という特別の事情を「予見すべきであった」といえます。以上から、X社は、416条に基づいて、特別の事情による損害を賠償請求できるといえます。そのため、X社には、損害が生じているといえることになります。

④債務者が債務の本旨に従った履行をしないことによって損害が生じたこと

　事案では、「Y社が期限までに納品しなかったために、X社は、Z社に製品を納品できなくなってしまい、Z社との契約も破談になった。このため、X社は、Z社に販売することにより得られるはずであった利益が得られなくなってしまった。」とあります。そのため、債務者Y社が契約通りに履行をしなかったことによって③の損害がX社に生じたといえます。そこで、④の要件も満たされることになります。

　以上をふまえると、415条本文の要件を満たすことになりますので、これに基づく請求をすることができるといえます（そのうえで、Y社から反論があるかもしれません）。

　上記の構造を見ると以下のとおりです。

民法415条本文

①債権者であること

　＜民法555条＞

参考事例集—実際のルールを読み解く—　**207**

a）当事者の一方がある財産権を相手方に移転することを約すること

b）相手方がこれに対してその代金を支払うことを約すること

②債務者が債務の本旨に従った履行をしないこと

③損害があること

＜民法416条＞

a）当事者が特別の事情を予見すべきであったこと

④債務者が債務の本旨に従った履行をしないことによって損害が生じたこと

CASE 06　フリーランスの残業代

☞ **PART 3　ルールを解釈する**

事例

　X社では、専門知識を持ったフリーランスとして自由に働きたいというZと委託契約を締結して業務を行ってもらっている。Zに業務を任せておけば、よい仕事をして成果を出してくれるので、X社の社長としてはありがたい。しかし、ふと考えてみれば、Zは、X社以外の業務も取り扱っているとはいえ、土日祝日も働いているし、夜遅くまで働いている。それなのに、X社はこれに残業代・割増賃金なども支払っていない。もちろん、かなり高額な報酬を支払っているし、Zも「仕事が楽しい」と言っており満足そうだが、労働基準法には注意とよく聞く。X社社長はZの取扱いについて、法律上大丈夫であるのか不安になった。

【労働基準法】
（定義）
第9条　この法律で「労働者」とは、職業の種類を問わず、事業
又は事務所（以下「事業」という。）に使用される者で、賃金を支
払われる者をいう。
第11条　この法律で賃金とは、賃金、給料、手当、賞与その他名
称の如何を問わず、労働の対償として使用者が労働者に支払うす
べてのものをいう。
（労働時間）
第32条　使用者は、労働者に、休憩時間を除き1週間について40
時間を超えて、労働させてはならない。
2　使用者は、1週間の各日については、労働者に、休憩時間を除
き1日について8時間を超えて、労働させてはならない。

解説

　労働基準法32条は、上記のとおり、労働時間の制限を定めています。
この条文のように、労働基準法は、「労働者」の労働時間や賃金などを定
めています。このため、「労働者」ではない人については、労働基準法の
適用の範囲外です。以上から、もし、Zが「労働者」であるのであれば、
Zの労働時間や賃金は労働基準法に準拠したものである必要があります。
反対に、Zが「労働者」ではないのであれば、このような点の心配はない
ということになります。

　労働者の要件は、次のとおり、9条に定められています。

①使用されている者であること

②賃金を支払われる者であること

　このままではよくわかりませんので、もう少し具体的な基準が必要です。

　労働基準法等が労働者を保護している趣旨は、使用者が労働者に対して
労働時間、賃金、労働場所等を自由に決定できるとすれば、事実上の立場
に相違がある以上、労働者が使用者に従わざるを得ず、その生活や健康等
が保護されないことになってしまうことにあります。そのため、「労働者」

参考事例集―実際のルールを読み解く―　　209

とは、「使用従属性がある者」といえます。この判断基準は、以下のような要素を総合して判断されます[5]。

① 指揮監督下の労働に関する要素

仕事の依頼、従事業務の指示等に対する許諾の自由／業務遂行上の指揮命令／勤務場所・時間の拘束／労務提供の代替性

② 報酬の労務対償性に関する要素

報酬と労務との対償性

③ その他労働者性を補強する要素

事業者性／専属性の程度／公租公課の負担

このような観点から、Zがどのように働いているのかを検討し、Zが「労働者」であるかどうかを検討することになります。詳細をX社社長に聞いてみないとわかりませんが、社員とは異なり仕事を断ることができたり、場所・時間に拘束されないのであれば、「労働者」に当たらない可能性が大きいといえます。

CASE 07　盗まれた企画

☞ PART 3　ルールを解釈する

事例

X社の経理部のYは、X社のライバル企業Z社と通じていた。Yは、Z社から、X社が計画する新サービスの概要を把握し、報告することを求められた。建物内を探したところ、X社の新サービス計画書が、X社の企画部の棚に入っていた。新サービス企画書は、X社が半年後を目途にリリースを企画している未発表のサービスの企画書であった。新サービス企画書には、「秘密資料」と書いてあったが、棚には鍵などはかかっていなかった。また、サービス企画書は、企画部の従業員が誰でも見ることができる資料と同じ棚に入っていた。そのため、Yは、それを取り出し、コ

---

[5] 「労働基準法研究会報告（労働基準法の『労働者』の判断基準について）」（昭和60年厚生労働省）参照。

210

ピーした。新サービス計画書は元のとおり棚に戻した。Yは、コピーをZ社に送付した。Z社は、これを使ってX社より早く新サービスに類似するサービスをリリースした。

これに気づいたX社は、YおよびZ社に対し、不正競争防止法に基づいて、何か請求できるか（刑事罰を求めることを除く）。

【不正競争防止法】
（定義）
第2条　この法律において「不正競争」とは、次に掲げるものをいう。
(1)～(3)　（略）
(4)　窃取、詐欺、強迫その他の不正の手段により営業秘密を取得する行為（以下「営業秘密不正取得行為」という。）
（中略）
(5)　その営業秘密について営業秘密不正取得行為が介在したことを知って、若しくは重大な過失により知らないで営業秘密を取得し、又はその取得した営業秘密を使用し、若しくは開示する行為
（中略）
6　この法律において「営業秘密」とは、秘密として管理されている生産方法、販売方法その他の事業活動に有用な技術上又は営業上の情報であって、公然と知られていないものをいう。（以下、略）
（差止請求権）
第3条　不正競争によって営業上の利益を侵害され、又は侵害されるおそれがある者は、その営業上の利益を侵害する者又は侵害するおそれがある者に対し、その侵害の停止又は予防を請求することができる。（以下、略）
（損害賠償）
第4条　故意又は過失により不正競争を行って他人の営業上の利益を侵害した者は、これによって生じた損害を賠償する責めに任ずる。（以下、略）

解説

不正競争防止法に定められる各条文の効果を確認し、使えそうな条文は

参考事例集—実際のルールを読み解く—　　211

ないかと探します。すると、同法４条が使えそうです。以下のように分析
できます。

<効果>

損害の賠償を請求できる。

<要件>

①不正競争を行ったこと

②故意または過失があること

③他人の営業上の利益を侵害したこと

④損害が生じたこと

⑤損害が他人の営業上の利益の侵害によって生じたこと

　各要件を確認してみます。まず、①の「不正競争を行ったこと」という
要件を見ていきます。「不正競争」という言葉だけではよくわかりません
ので、何か手がかりがないかを探します。すると、２条に定義がありまし
た。２条１項４号が今回の事例と最も関連がありそうです。４号を見ると、
不正競争とは、「窃取、詐欺、強迫その他の不正の手段により営業秘密を
取得する行為（以下「営業秘密不正取得行為」という。）（以下、略）」とされま
す。これを分析すると、「不正競争」とは、以下の要件を満たす行為といえます。

A.「窃取、詐欺、強迫その他の不正の手段」がとられること

B.　これにより、営業秘密を取得する行為

　Ｙは、コピーを得る目的で棚から新サービス企画書を手にしているため、
「窃取、詐欺、強迫その他の不正の手段」を使って企画書を「取得」して
います。また、これをＺ社に「開示する行為」もしています。そのため、
Ｙが取得した「新サービス企画書」が「営業秘密」に該当すれば、不正競
争行為だといえることになります。そこで、「営業秘密」とは何かを確認
する必要があります。営業秘密とは、２条６項において、「この法律にお
いて「営業秘密」とは、秘密として管理されている生産方法、販売方法そ

の他の事業活動に有用な技術上又は営業上の情報であって、公然と知られていないものをいう。」と定められています。これを分析すると、営業秘密に該当するためには、次の3要件が必要であるとわかります。

a)「秘密として管理されている」技術上又は営業上の情報

b)「事業活動に有用な」技術上又は営業上の情報

c) 公然と知られていない情報

　「新サービス企画書」がこれらの要件を満たすかどうかを検討することになります。まず、b) について見てみます（説明の便宜上、a) より先にb) を検討）。

　「事業活動に有用な」とはどの程度のものを意味しているのかが不明です。そこで、「有用性」を解釈することとします。不正競争防止法で保護される「営業秘密」に有用性の要件を設けた趣旨は、「公序良俗に反する内容の情報（中略）など、秘密として法律上保護されることに正当な利益が乏しい情報を営業秘密の範囲から除外した上で、広い意味で商業的価値が認められる情報を保護すること」にあると考えられています[6]。そこで、有用性は、広く認められるべきであり、「その情報が客観的にみて、事業活動にとって有用であること」で足りると考えられます。

　これを「新サービス企画書」について見ると、X社の内部の新規企画について作成した企画書であり、X社の事業に有用であるといえます。以上から、b) の要件を満たすこととなります。

　次に、c) 公然と知られていない情報といえるかどうかを見ていきます。X社の新サービスは、未発表のものであり、一般に知られているものではありません。そのため、c) の要件を満たします。

　最後に、a)「秘密に管理する」といえるかを検討します。X社は一応、新サービス企画書を管理はしていたところですが、「秘密に管理する」といえる程度の管理であるのかは明らかではないため、不正競争防止法上、どの程度の管理がされていれば、「秘密に管理する」といえるのかを解釈

---

[6] 「営業秘密管理指針」（平成15年1月30日（全部改訂平成27年1月28日経済産業省））15頁参照。

する必要があります。秘密管理性要件の趣旨は、ある情報が保護される営業秘密に該当するかどうかが明らかにならないという情報の性質をふまえ、当該営業秘密に接した従業員等の予見可能性を確保するために、企業が秘密として管理しようとする対象を明確化することにあるといえます。

　このような趣旨をふまえると、秘密として管理しようとする対象を明確化するために、次の要件が満たされるときに「秘密に管理する」といえると解釈できます。

ア．企業の秘密管理意思が秘密管理措置によって従業員等に対して明確に示されること

イ．従業員等が秘密管理意思を一般的かつ容易に認識できること

　新サービス企画書は、「秘密情報」という記載が付されていますので、秘密管理意思が全く示されていないわけではありません。しかし、企画書が入っていたのは、施錠がされていない棚であり、会社の従業員であれば接触することができたものであることや、企画部の従業員が誰でも見ることができる資料と同じ棚に入れられており、秘密に扱う資料との区別が全くされていないものであったことをふまえると、上記のア．を満たすのは困難であるといえます。そのため、イ．も満たさないこととなります。

　以上から、新サービス企画書は、「秘密に管理する」情報とはいえないものといえます。したがって、新サービス企画書は、営業秘密の要件を満たすことができないため、「営業秘密」には該当しないといえます。

　Ｘ社は、不正競争防止法４条に基づいて、損害賠償請求をすることを検討しましたが、アの要件を満たさなかったため、他の要件を検討するまでもなく、これをすることができないといえます。

‾‾‾‾‾‾‾‾‾‾‾‾‾‾‾
│ 不正競争防止法４条 │
‾‾‾‾‾‾‾‾‾‾‾‾‾‾‾
①不正競争を行ったこと

　└同法２条１項４号

　　不正競争行為の定義

　　Ａ．「窃取、詐欺、強迫その他の不正の手段」がとられること

B.　Aにより営業秘密を取得する行為
　　　　└同法2条6項
　　　　　営業秘密（以下3要件を満たす技術上又は営業上の情報）
　　　　　a)「秘密として管理されている」
　　　　　b)「事業活動に有用な」
　　　　　c)「公然と知られていない」
②故意または過失があること
③他人の営業上の利益を侵害したこと
④損害が生じたこと
⑤損害が他人の営業上の利益の侵害によって生じたこと

　本件で不正競争防止法4条に基づく損害賠償請求を検討しましたが、要件①のうち、営業秘密の要件に関するa)が満たされないこととなり、同条項により請求することは困難であるといえることとなりました。X社は、今後、不正競争防止法4条以外のルールを使って損害賠償請求などを求めていくことになるでしょう。

　上記のように、適用を求める条文の要件を列挙し、逐一、要件を満たすかどうかをあてはめていきます。今回のa) b) c)のように、不明確な要件があれば、それを解釈して、その解釈に従いあてはめる必要があります。

CASE 08　解雇手続きは慎重に

☞ PART 3　ルールを解釈する

事例

　人事部Bさんは、社長から、ある従業員を2週間後に解雇するからその手続きを検討するようにと指示された。Bさんは2週間が短いような気がしたので、法律を調べたところ、やはり30日前に予告しなければならないと書いてある条文を見つけた。Bさんは、このルールに違反した場合

参考事例集—実際のルールを読み解く— 215

にどうなってしまうのかを社長に説明した方がよいと思い、この条文の効果を考えた。

次の条文の効果は何か。

> ルール
> 【労働基準法】
> （解雇の予告）
> 第20条[7]　使用者は、労働者を解雇しようとする場合においては、少くとも30日前にその予告をしなければならない。（以下、略）

解説

　この条文の趣旨は、労働者に解雇までに一定期間を与えることにより、再就職等の時間的・経済的な余裕を保障する趣旨です。このような趣旨に反した解雇がされたときに、その解雇の有効性を認めてしまっては、このようなルールを定めた意味がありません。

　そこで、20条本文の法律効果としては、この条文に違反してされた解雇を「無効とする」ものと解釈できます。どこにも「無効にする」とは書いてありませんが、条文の趣旨からそのように解釈されます。

＜効果＞

解雇を無効にする。

＜要件＞

解雇の少なくとも30日前に予告がされないこと

　また、労働基準法119条には、次のように定められています。

> ルール
> 【労働基準法】
> 第119条　次の各号のいずれかに該当する者は、6カ月以下の懲役又は30万円以下の罰金に処する。
> （1）…20条…の規定に違反した者

---

[7]　20条本文です。

労働基準法119条
＜効果＞
6カ月以下の懲役又は30万円以下の罰金に処する。
＜要件＞
20条の規定に違反すること

　119条からみると、20条がその要件であるということができますので、20条の効果は119条の効果である「6カ月以下の懲役又は30万円以下の罰金に処する」であるということもできます。

　Bさんは、社長に対し、仮に解雇したとしても20条によって無効となってしまうこと、20条に違反した場合には119条で罰則を受けることを説明しました。法律に詳しくなかった社長はびっくりして、解雇手続きの見直しを検討することとしました。

CASE 09　邪魔な自動車

☞ **PART 3　ルールを解釈する**

事例

　X社は、土地を所有している。Y社は、X社に無断で、その土地の上に自動車を止めている。X社は、Y社に自動車を自分の土地から移動してもらいたいと考えた。

解説

　この問題を解決するためには、民法を用いることになります。ところが、民法のどこを見ても、これを解決するためのルールは書いてありません。しかし、民法は、所有権という権利を保護していること、所有権が物を支配する権利であることから、次のようなルールが解釈されます。

参考事例集―実際のルールを読み解く―　217

> **ルール** 物の所有者は、その物を占有するものに対し、その物の返還を請求することができる。

このようなルールは、民法の中には書いてありませんが、民法の各条文を解釈することにより導かれます。

CASE 10 登記されていなかった取締役

☞ PART 3　ルールを解釈する

事例

　Y社は、取締役らによる明らかに不合理な経営判断により業績が悪化した。Y社の債権者X社は、Y社の取締役に対し、会社法429条に基づいて、損害賠償請求をすることとした。登記簿を確認したところ、代表取締役Pと取締役Q、取締役Rが登記されていた。そこで、X社は、代表取締役Pと取締役Q、取締役Rに損害賠償請求をしたが、QとRは、既に取締役を辞任していた。QとRが登記されたままであるのは、代表取締役Pが変更登記をしていないからである。Qは辞任時に代表取締役Pに自らの登記を残すことを提案し、Qからの提案を受けてPは、登記を残すこととした。一方で、Rは、自らが登記されたままであることを知らなかった。X社は、取締役Qと取締役Rに対し、会社法429条に基づいて損害賠償請求をすることができるか。

> 【会社法】
> 第 423 条　取締役、会計参与、監査役、執行役又は会計監査人（以
> 下この章において「役員等」という。）（以下、略）
>
> （役員等の第三者に対する損害賠償責任）
> 第 429 条　役員等がその職務を行うについて悪意又は重大な過失
> があったときは、当該役員等は、これによって第三者に生じた損
> 害を賠償する責任を負う。（以下、略）
>
> （登記の効力）
> 第 908 条
> 1　（略）
> 2　故意又は過失によって不実の事項を登記した者は、その事項が
> 不実であることをもって善意の第三者に対抗することができない。

解説

会社法 429 条 1 項を分析すると以下のとおりです。

＜効果＞

第三者に生じた損害を賠償する責任を負う。

＜要件＞

①役員等であること

②職務を行うことについて悪意又は重過失があること

③第三者に損害が生じること

④損害が②「によって」生じること（因果関係）

　会社法 429 条の要件に照らすと、Q と R は責任を負うでしょうか。要
件①で「役員等」であることとされます。役員「等」は、423 条により、
「取締役、会計参与、監査役、執行役又は会計監査人」と定義されていま
す。Q と R は、既に取締役を辞任しているので、「役員等」ではありませ
ん。そのため、429 条の要件を満たさないことになります。

しかし、QとRは不実の登記がされたままです。そこで、X社は、このような不実の登記を信頼した第三者を保護する規定である908条2項を使って、辞任したことを対抗できないと主張することが考えられます。

　908条2項を分析します。

＜効果＞

不実の登記を第三者に対抗できない。

＜要件＞

①不実の登記をした者であること

②①が故意または過失により不実の登記をしたこと

③第三者が善意であること

　各要件を満たすでしょうか。X社は、不実の登記を信頼しているので、「善意の第三者」であるといえます。このため、③の要件は、満たします。しかし、登記をしたのは登記申請義務者である会社であって、QとRは「登記をした者」ではないので、要件①（と②）を満たしません。そこで908条2項は適用できません。

　しかし、Qについては登記を残すことを承諾しているので、このようなQに対しては、責任を負わせることが適当とも思われます。しかし、このようなQに対して責任を負わせるルールはどこにも見つけることができません。

　そこで、新たなルールを導くべく、908条2項の類推適用を検討します。

　類推適用を使う場合には、趣旨から考えていきます。908条2項の趣旨は、登記への信頼を保護する必要があること、不実の登記をした者に責任を課すことに不都合がないことにより、不実の登記を信頼した第三者を保護する規定であるといえます。このような趣旨から、たとえ、「登記した者」ではなかったとしても、不実の登記に積極的に関わった者であれば、保護に値せず、責任を課すことができると解釈できます。そこで、次のルールが導出されます。

会社法908条2項（類推解釈）
＜効果＞
第三者に不実の登記を対抗できない。
＜要件＞
①不実の登記に積極的に関わった者であること
②①の故意・過失により不実の登記がされたこと
③第三者が善意であること

　これによれば、Qは、自ら登記を残すことをPに提案し、これによってPが登記を残すこととしているので、①、②の要件を満たします。X社は、登記を信頼したものであるため、③の要件も満たします。そこで、Qは908条2項が類推適用され、429条1項の「役員等」として責任を負う可能性があります。以上をふまえて、Qが429条1項の要件を満たすかどうかは別途検討が必要になります。一方で、Rは、登記されていることさえ知らなかったため、「不実の登記に積極的に関わった」とはいえません。そこで、Rには908条2項が類推適用されることはありません。当然ながら429条1項の責任も負わないこととなります。

CASE 11　破談した共同事業

☞ PART 4　バナナを持って来た／持って来ていない

【事例】

【X社のA君の疑問】
　何とかビジネスも軌道に乗ってきたかと思った矢先に、トラブルが起こってしまいました。
　取引先Y社があの有名なZ社からシステム開発を受注したとのことで、当社とともにシステムの共同開発に関する協議を進めていました。
　しかし、Y社がせっかく受注したのですが、当社とY社の間で見積も

りの折り合いがつきませんでした。結局、当社とY社の共同事業は破談となってしまいました。当社は、契約締結前でしたが、納期も余裕がなさそうであったので、開発業務に着手していました。そのため、当社は、Y社に対し、当社が負担した開発コストを支払ってほしいと主張しました。当社としては、契約締結前でしたが当社が負担した費用をY社が清算するという合意がされていたという認識であるからです。ところが、Y社は、「X社に開発を依頼しておらず、費用を清算する合意はないため、生じたコストを支払わない」と言っています。何が争点になるでしょうか。また、交渉や裁判に備えてどのような準備をすればよいでしょうか。

解説

　本件の争点は、「Y社がX社の費用を清算する」旨の合意があったか否かです。合意は明示的にされる必要はなく黙示的にされるものでもよいと解されています。X社は、この合意を基礎付けることができるような証拠を収集しておくべきです。

　X社は、「X社の費用を清算する」旨の合意があれば、この合意に基づいて、開発した部分のコストについては支払ってもらえることになります（明示的な合意はされていない場合には、黙示的な合意の有無が問題になります）。しかし、Y社は、このような合意がなかったと主張しているので、今回の事案が裁判になれば、「X社の費用を清算する」旨の合意があったのか否かが争点になります。

　X社としては、この合意に基づいて費用の清算を求めることになるので、この合意があったことを立証しなければなりません。しかし、本件では、この合意に関する合意書や契約書はありません。そこで、X社は、この合意があったことを他の事情から立証していくことになります。

　例えば、本件の共同開発をする背景としてこれまでX社とY社間の共同開発の内容やその進め方や、本件の共同開発に関する協議を進める経緯、協議の内容、X社が行った開発の内容、開発に関するX社とY社のやり取りなどに関する事情などから「X社の費用を清算する」旨の合意の存在

を立証していきます。この証拠として、Y社から交付された資料や、Y社との文書・メールでのやりとりなどが有用です。

　A君は、裁判例やA君が収集した証拠などで交渉した結果、開発費用の一部を支払ってもらうことをY社との間で合意し、本件は無事に解決することができたようです。今後は、付き合いのあるY社であってもきちんと書面でやりとりをしようと決意したようです。

　本件は、契約締結前に作業着手した事案です。契約締結前であれば、契約交渉段階に過ぎないため、たとえ費用が発生したとしても、委託者が受託者に支払う義務はないという判断がされた裁判例も少なくありません[8]。反対に、「口頭で開発費用も含めた清算の合意をした」ことが認められ、開発費用の一部の支払い義務が認められた裁判例もあります[9]。受託者（X社の立場）としては、正式な契約の前に着手した場合には、費用の支払いを受けられない可能性は大きいといえます。このため、紛争の予防という観点からは、契約する前に作業に着手することは可能な限り避けるべきであるといえます。

　とはいえ、ビジネス上、特にIT関連の開発業務などにおいては、このようなことがやむを得ない場合もあると思われます。そこで、作業に着手するとしても、契約を締結するまでに作業が中断するケースを想定に入れて、費用の負担方法だけでもきちんと文書で合意したうえで着手しておくことが重要であるといえます。委託者（Y社の立場）としては、正式な契約の前に受託者が作業に着手していることを認めている事情などがあれば、たとえ、契約書を交わしていなくとも、費用を負担しなければならない場合も生じてしまいます。委託者・受託者のいずれの立場からも、紛争予防という観点でより一般的な対応策を考えるとすれば、当事者間のやり取り

---

[8]　名古屋地裁判決平成16年1月28日、東京地裁判決平成17年3月28日など。
[9]　東京地裁判決平成12年9月21日。

の記録をきちんと取っておくこと、相手方との間で認識にズレが生じない
ように新たな作業を始めたり変更したりする際には確認をとることが重要
です。例えば、電話で話したことであってもメールで改めて確認しておく
ことなどが有用です。

CASE 12　コンサルティング契約の中途解約

☞ **PART 5　契約を考える**

事例

【X 社の A 君の疑問】

　当社は、コンサルティング業務も行っています。1 年契約で自動更新、
月額報酬制にしていますが、この度、契約期間中のクライアントから中途
解約の申し出がありました。契約期間の満了までは、残り 6 カ月あるので、
当社は、契約期間の満了までは解約を拒むことができるのではないでしょ
うか。

　当社は、契約期間を定めていますので、契約期間中に解除されることは
想定していなかったので、解除するのであれば、残りの期間に相当する月
額報酬も支払ってもらいたいと思います。契約書には解除できるという規
定はなく、契約期間について次のように定めています。

> **第〇条（契約期間）**
> 本契約は、契約締結日から 1 年間有効とする。ただし、契約期間
> の満了日の 1 カ月前までに、いずれの当事者からも更新しない旨
> の通知がない限り、本契約は、同一条件でさらに 1 年間更新され、
> 以後も同様とする。

ルール

解説

　コンサルティング契約のように一定期間継続することが想定される契約
類型については、契約を終了させることができるのかが問題になることが

あります。

　結局は、契約の解釈になりますので、PART 5で見たとおり、当事者がどのような合意をしたのかという点を契約書以外の事情もふまえて検討する必要があります。

　しかし、特別な事情がない限り、解除ができると理解することが自然です。コンサルティング契約のような契約類型は、当事者の一方が他方に事務処理を委任するという類型の契約であり、準委任契約といいます。

　民法上、準委任契約では、以下のとおり、解除権が認められています。

【民法】
（委任の解除）
第651条　委任は、各当事者がいつでもその解除をすることができる。
2　前項の規定により委任の解除をした者は、次に掲げる場合には、相手方の損害を賠償しなければならない。ただし、やむを得ない事由があったときは、この限りでない。
(1)　相手方に不利な時期に委任を解除したとき。
(2)　委任者が受任者の利益（専ら報酬を得ることによるものを除く。）をも目的とする委任を解除したとき。

　この651条1項により、準委任契約では、いつでも解除できることになります。この規定は、強行規定ではないので、契約でこれに反する定めを設けることも可能です。例えば、「本契約期間中は、当事者は、本契約を解除することができない」などが定められていれば、651条1項にかかわらず、契約の解除ができないこととなります。

　また、中途の解除の場合には、委任者に損害が生じる場合がありますので、委任者に損害が生じる場合には、651条2項により、委任者は、この損害の賠償を求めることができます。

　Ｘ社の契約では、解除について定めた条項が何もないとのことであるので、このような規定がなく、契約期間中であっても、民法の原則通り、いつでも解除することができるといえます。Ａ君は、契約期間中は、解約

できないという認識だったので、今後の契約においては、そのような認識があれば契約書に明記しておくべきです。「本契約期間中は、当事者は、本契約を解除することができない。」「委任者が本契約期間中に本契約を解除する場合には、委任者は、受任者に対し、残存期間にかかる報酬の全額を支払わなければならない。」などと規定することになります。

CASE 13 業務委託契約の損害賠償条項

☞ **PART 5　契約を考える**

事例

【X社のA君の疑問】

　当社の業務の一部をY社に委託することを検討しています。契約書を作成したいと言われ、Y社から契約書が提示されました。契約書には次のような条項がありました。委託者である当社としては、どのように判断するべきでしょうか。

> ルール
>
> **【Y社の契約書の損害賠償条項】**
> 第○条　受託者が本契約に定める義務に違反したことにより、委託者に損害が生じた場合、受託者の責めに帰すべき事由があるときには、受託者は、この損害を賠償する。

解説

　Y社の提案する損害賠償条項を分析してみます。

＜効果＞

受託者が委託者に損害を賠償する。

＜要件＞

①受託者が本契約に定める義務に違反したこと

②委託者に損害が生じたこと

③①「により」②が生じたこと（因果関係があること）

④損害の発生について受託者の責めに帰すべき事由があること

　このような規定は、民法と何か異なるのでしょうか。民法の原則を見てみます。関係があるのは、以下の民法415条です。

> **【民法】**
> **（債務不履行による損害賠償）**
> **第415条　債務者がその債務の本旨に従った履行をしないとき又は債務の履行が不能であるときは、債権者は、これによって生じた損害の賠償を請求することができる。ただし、その債務の不履行が契約その他の債務の発生原因及び取引上の社会通念に照らして債務者の責めに帰することができない事由によるものであるときは、この限りでない。（以下、略）**

　415条本文を分析すると以下のとおりです。

＜効果＞

損害の賠償を請求することができる。

＜要件＞

①債務者がその債務の本旨に従った履行をしないこと

もしくは

①′ 債務の履行が不能であること

②債権者に損害が発生すること

③①（①′）と②の因果関係があること

　415条には但し書きがあります。但し書きを分析すると以下のとおりです。

＜効果＞

415条本文の損害賠償の請求ができない。

＜要件＞

債務の不履行が債務者の責めに帰することができない事由によるものであ

ること（契約その他の債務の発生原因及び取引上の社会通念に照らして判断）

　いかがでしょうか。415 条本文に書いてあることは、Y 社の損害賠償条項にも書かれています。一方で、415 条の但し書きに書かれている「責めに帰することができない事由」が、Y 社の損害賠償条項では、但し書きではなく「責めに帰すべき事由がある」として本文に書かれています。同じ要件が定められるから同じ意味ではないかと思われるかもしれません。

　しかし、PART 4（SECTION 03）で見たように、**あるルール（条文）を適用してほしいと主張するのであれば、主張する側がそのルールの要件に当たる事実を立証しなければならない**、といえます。このため、「責めに帰すべき事由」を但し書きとして定めるかどうかによって、この立証責任が変わります。

　民法の原則では、但し書きの要件として書かれているため、但し書きを適用して欲しいと考える受託者（Y 社）が「責めに帰することができない事由によるものであること」を立証しなければならないといえます。

　一方で、Y 社の提案では、但し書きになっておらず、損害賠償を請求することができるという効果を生じさせる要件として、「責めに帰すべき事由により」が定められています。このため、委託者（X 社）が「損害の発生について受託者の責めに帰すべき事由があること」を立証しなければならないといえます。

　このように、一見すると法律と同じルールを定めたつもりであっても、書きぶりにより、立証責任を転換してしまう場合があります。

CASE
14 部長の退職

☞ **PART 5　契約を考える**

事例

【X 社の X 社長の相談】

　当社で勤めてもらっていた Y さんが退職することになりました。Y さんは、営業部長として活躍してもらっていましたので、当社のノウハウや顧客との人的関係を把握しています。噂では、Y さんが当社と同じビジネスを展開する予定であると聞いています。Y さんとの間では、雇用契約書において、同じビジネスを一定の期間、禁止する旨を約束してもらっています。Y さんが当社と同じビジネスを展開した場合に、当社としては、雇用契約書に基づいて対応できるのでしょうか。

ルール
> 【雇用契約書】
> （競業避止義務）
> 第○条
> **従業員は在職中及び退職後 5 年間、会社と競合する他社に就職及び競合する事業を営むことを禁止する。**

解説

　雇用契約書の規定を分析すれば以下のとおりです。

＜効果＞

会社と競合する他社に就職及び競合する事業を営むことができない。

＜要件＞

①従業員であること

もしくは

①′ 従業員が退職後 5 年を経過しないこと

　これによれば、Y さんが退職したとしても、5 年を経過するまでは、X

参考事例集—実際のルールを読み解く—　　**229**

社と同じビジネスを展開することはできないといえます。

　しかし、契約のルールは、法令により制限されることがあります。本件のような競業避止義務条項は、従業員の職業選択の自由を制約するものであるため、競業避止義務条項の内容によっては、公序良俗（民法 90 条）に反し、無効と評価される可能性があります。

　本件でも、競業避止義務の条項が従業員の職業選択の自由を不当に制約すると評価される場合には、たとえ上記のとおりの契約を締結していたとしても、無効であることになってしまいます。

　なお、裁判例を見ると、公序良俗に反するか否かの判断の要素として、以下のポイントが挙げられます。
①守るべき企業の利益があるかどうか
②従業員の地位
③地域的な限定があるか
④競業避止義務の存続期間
⑤禁止される競業行為の範囲について必要な制限があるか
⑥代償措置が講じられているか

　このような要素をふまえて、万が一、Y さんが同じビジネスを展開した場合に、X 社として何らかの措置を執ることができるかどうかを検討する必要があります。

　X 社長は、これらの検討をふまえて Y さんと話をしました。Y さんは、これまで培ったノウハウを活用して、X 社と同じビジネスを展開したいと思っていたとのことです。X 社長と Y さんが話し合った結果、お互いの不利益にならないように、場所や方法などのほか、提携して共に発展していくプランが決定されました。

おわりに

「バナナはおやつに含まれるのか」という命題からスタートして、ルールの読み方・使い方を見てきました。相当に高度な内容も含んでおり、やっぱり難しいとも思われたかもしれません。

しかし、ルールの読み方・使い方に関する重要な要素をほとんど説明しましたので、ここまでお読みいただいた方はルールの読み方・使い方について、かなり理解が進んでいるといって間違いありません。あとは実務や演習などにより、数多くの事例にあたり、本書のプロセスを実践することで自在に扱うことができるようになるでしょう。

本書によってルールの読み方・使い方がわかった、ルールに対する見方がこれまでと変わったと思って頂ければとても嬉しいです。

中野友貴（なかの・ゆうき）

弁護士（東京弁護士会）。弁護士法人クレア法律事務所所属。

2010年慶応義塾大学総合政策学部卒業、2012年北海道大学法科大学院卒業。ベンチャー企業支援を主な業務とする現事務所に所属し、「新規事業の成長支援を通じて、顧客に奉仕するとともに社会に貢献する」というミッションのもと、ベンチャー企業にかかわる法務支援を行う。著書として、『IoTビジネスを成功させるための法務入門』（第一法規）、『ベンチャー経営を支える法務ハンドブック（改訂版）―スタートアップを成長させる法と契約―』（第一法規）がある。

サービス・インフォメーション

――――――――――――――――――――――― 通話無料 ―――

①商品に関するご照会・お申込みのご依頼
　　　　　TEL 0120 (203) 694／FAX 0120 (302) 640
②ご住所・ご名義等各種変更のご連絡
　　　　　TEL 0120 (203) 696／FAX 0120 (202) 974
③請求・お支払いに関するご照会・ご要望
　　　　　TEL 0120 (203) 695／FAX 0120 (202) 973

●フリーダイヤル（TEL）の受付時間は、土・日・祝日を除く
　9：00〜17：30です。
●FAXは24時間受け付けておりますので、あわせてご利用ください。

先生！バナナはおやつに含まれますか？
―法や契約書の読み方がわかるようになる本―

2018年9月10日　　初版発行
2025年1月20日　　初版第6刷発行

著　者　　中　野　友　貴
発行者　　田　中　英　弥
発行所　　第一法規株式会社
　　　　　〒107-8560　東京都港区南青山2-11-17
　　　　　ホームページ　https://www.daiichihoki.co.jp/
デザイン　高橋明香（おかっぱ製作所）
印　刷　　大日本法令印刷株式会社

契約書の読み方　ISBN 978-4-474-06261-0　C2036 (2)